V&R

Den Teilnehmerinnen und Teilnehmern
der Weiterbildungslehrgänge
für leitende Schwestern und
Unterrichtsschwestern an der
Schwesternhochschule der Diakonie
Berlin in Dankbarkeit zugeeignet

HILDE-DORE ABERMETH

Ethische Grundfragen in der Krankenpflege

Ein Lehr- und Lernbuch

VANDENHOECK & RUPRECHT
IN GÖTTINGEN

CIP-Titelaufnahme der Deutschen Bibliothek

Abermeth, Hilde-Dore:
Ethische Grundfragen in der Krankenpflege: ein Lehr- und Lernbuch / Hilde-Dore Abermeth. – Göttingen: Vandenhoeck u. Ruprecht, 1989
ISBN 3-525-62319-4

Gesetzt aus Rotation auf Linotron 202 System 4
Satz und Druck: Gulde-Druck GmbH, Tübingen
Bindearbeit: Hubert & Co., Göttingen

Inhalt

Im folgenden werden die Abkürzungen verwendet:

AB = Arbeitsbogen, LL = Lernende, M = Materialien, OHP = Overhead-Projektor, Sch = Krankenpflegeschüler/innen, UE = Unterrichtseinheit, US = Unterrichtsschwester

1. Einleitung

1.1 Einführende Gedanken

Es wird heute viel über Pflegeethik gesprochen und geschrieben. Nach wie vor wird die richtige Berufseinstellung, das richtige Pflegeethos bei denen vorausgesetzt, die im Krankenhaus, in Gemeinden und Heimen Kranke pflegen. Von Pflegedienstleitungen und Unterrichtsschwestern wird erwartet, daß sie vorbildhaft arbeiten, Mitarbeiter führen und Schüler unterrichten.

Was das „richtige" Berufsethos der Pflege jedoch ist und wie es in einer Zeit des „Werteausverkaufs" entwickelt und gelehrt werden kann, das weiß so recht niemand zu sagen.

Fest steht, daß die Krankenpflege sich auf ihre eigentlichen Werte besinnen, daß sie sich berufsethisch neu orientieren muß. Die überkommenen Berufsideale der totalen schwesterlichen Hingabe an menschliches Leid und Kranksein „greifen" heute nicht mehr. Die „Schwester" des Kranken gehört der Vergangenheit an. Einheitliche Vorbilder in der Pflege, denen blindlings nachgeeifert werden könnte, gibt es ebenfalls nicht.

Dagegen präsentiert die berufliche Pflege zahlreiche, häufig widersprüchliche Werte und Normen als Grundlage ihres Handelns.

Diese „Wertevielfalt" macht einerseits unsicher, da sie unverbindlich ist, andererseits schafft sie aber persönliche Entscheidungsfreiräume und setzt damit individuelle Ressourcen frei.

Auf diesem Hintergrund habe ich die einzelnen Unterrichtseinheiten entwickelt, ist das Buch insgesamt entstanden.

Es erhebt nicht den Anspruch, das Thema „Ethik in der Krankenpflege" erschöpfend zu behandeln. Es will vielmehr Denkanstöße geben, Anregungen vermitteln, zum kreativen Gestalten pflegeethischer Themen Mut machen.

Es läßt Raum, den Themenkatalog nach den Erfordernissen aktueller Geschehnisse und dem, was die jeweilige Lerngruppe braucht, zu erweitern.

Die Kapitel habe ich nach einheitlichen Gesichtspunkten geordnet. Sie führen denjenigen, der mit dem Buch arbeiten möchte, in Text und Methoden ein und begründen das unterrichtliche Vorgehen. Die einzelnen Unterrichtseinheiten sind relativ ausführlich gestaltet. Dies hat seinen Grund zum einen darin, daß ich die Fragen, die ich an die Lernenden richte und die Arbeitsaufträge, die ich erteile, vorher selbst gründlich bedacht und beantwortet habe. Das gab mir Sicherheit im methodisch-didaktischen Vorgehen.

Ich wünsche mir, daß sich dies Lehr- und Lernbuch bei allen, die in der Pflege tätig sind und bei denen, die dort leitende und lehrende Funktionen ausüben, nützlich macht.

An dieser Stelle bedanke ich mich bei allen, die mich bei der Erarbeitung des Konzeptes unterstützt haben.

Mein besonderer Dank gilt zunächst allen Teilnehmerinnen und Teilnehmern der Weiterbildungslehrgänge für leitende Schwestern und Unterrichtsschwestern an der Schwesternhochschule der Diakonie Berlin, die in den vergangenen Jahren den Ethik-Unterricht mitgestaltet haben.

Mein Dank gilt auch dem Verlag Vandenhoeck & Ruprecht, Göttingen, der das Erscheinen des Buches veranlaßte und möglich machte, und er gilt denen, die Korrektur gelesen und das Konzept ins Reine geschrieben haben.

1.2 Ein Brief

Ich möchte – gleichsam als thematische Einstimmung – den Brief eines mir bekannten Pfarrers beantworten, der mich vor geraumer Zeit um meine Stellungnahme zum Ethik-Unterricht in der Krankenpflegeaus- und -fortbildung bat.

Er selbst ist Klinikseelsorger in einem Evangelischen Krankenhaus und zugleich als Lehrer für Berufsethik an der Krankenpflegeschule tätig.

Lieber Herr Pastor B.,

herzlichen Dank für Ihren eindrucksvollen Brief zum Thema „Ethikunterricht an Krankenpflegeschulen".

Das, was Sie schreiben, hat mich sehr bewegt, einmal deswegen, weil dieser Brief nicht weniger als ein Stück Ihres Lebenskonzeptes umfaßt und zum anderen, weil mir erneut deutlich geworden ist, wie stark gerade dieser Unterricht das Christ- und Menschsein des Lehrenden herausfordert. Er kann sich hier nur begrenzt auf das stützen, was er „im Kopf" gelernt hat, vielmehr wird er herausgefordert, sein Herz zu zeigen.

Solch ein Unterricht verlangt – biblisch gesprochen – immer auch die „zweite Meile" des Mitgehens mit denen, die unterrichtet werden, und häufig genug wird der Lehrende nicht nur seinen Rock, sondern auch den wärmenden Mantel hergeben müssen, so daß er nicht selten verletzlich und schutzlos vor oder inmitten der Lerngruppen steht.

Dies wird sehr deutlich in Ihrem Brief zwischen den Zeilen. Ebenso deutlich werden aber auch das heiße Bemühen um das Weg-Gefährte-Sein, die Liebe zu den Weg-Gefährten und der Mut, gemeinsam mit ihnen gangbare Wege zu suchen für Beruf, Leben und Sterben.

Sie arbeiten ja auf zweierlei Äckern, die – wie Sie es wohl täglich erfahren – Ihnen keine einhelligen, sondern vielfach unterschiedliche Antworten auf Ihr Werben geben. Der eine Acker, das sind die Patienten im Krankenhaus und deren Angehörige, denen Sie als Klinik-Seelsorger in Lebens- und Sterbensnöten beistehen wollen.

Und der andere Acker, das sind die Krankenpflegeschüler/innen, denen Sie als Freund und Lehrer bei der Berufsfindung helfen.

Beide Äcker sind – so lese ich es in Ihrem Brief – Ihr Lebensfeld, auf das Sie sich rufen ließen und auf dem Sie säen und ernten. Und von dem, was Sie säen, wird sicher wie im biblischen Gleichnis auch nur der vierte Teil Frucht tragen, weil uns bei allem Bemühen ja nicht mehr verheißen ist.

Ethik-Unterricht an Krankenpflegeschulen ist, so schreiben Sie, nur in Verbindung mit einer gelebten Zuwendung zum

Patienten sinnvoll, also in einer kontinuierlichen Berufsbezogenheit, und Sie haben dies damit begründet, daß Aufgabe und Inhalt des Unterrichtes stets den Bezug zum Pflegealltag erkennen lassen muß.

Diese Forderung ist berechtigt und ihre Erfüllung m. E. die Voraussetzung für den Ethik-Unterricht.

Wie schwer sie zu erfüllen ist, auch von Unterrichtsschwestern, weiß jeder, der in der alltäglichen Zerreißprobe zwischen Theorie und Praxis lebt.

Lieber Herr Pastor B., ich kann mich in Ihre Gedanken zum Ethik-Unterricht und in Ihre realistisch-liebevolle Einstellung zu den Gruppen, mit denen Sie leben und arbeiten, gut hineinversetzen. Sie liegen meinen Gedanken, meiner Einstellung und auch meiner Erfahrung nahe.

Ganz besonders bewegt mich auch die Frage nach der sogenannten geistlichen Motivation der Lerngruppen zum Krankenpflegeberuf.

Bei dieser Frage ist mir die – ich möchte sagen notvolle – Erkenntnis gekommen, daß ich mich mit dem, was ich glaube und für wertvoll halte, nicht mehr so verständlich machen kann, wie ich es möchte, und daß die Lernenden und ich gerade in Glaubens- und Wertfragen oft zwei verschiedene Sprachen sprechen.

So ist für mich seit längerem die Frage nach der gemeinsamen „Plattform" aufgebrochen, an deren Beantwortung ich täglich herumbuchstabiere.

Sie wissen ja, daß ich nicht wie Sie in der Krankenpflegeausbildung tätig bin, sondern in der Weiterbildung für leitende Schwestern und Unterrichtsschwestern an der Schwesternhochschule der Diakonie Berlin. Die Schwestern und Pfleger, die unsere Lehrgänge besuchen, haben bereits einschlägige Erfahrungen im Beruf gesammelt; sie sind darüber hinaus von ihrem Alter her relativ fertige Persönlichkeiten. Das gilt auch für ihre Lebens- und Glaubenserfahrung.

Und noch etwas kommt häufig genug erschwerend hinzu: Viele von ihnen haben in dem während ihrer Ausbildung erhaltenen Ethik-Unterricht entweder wenig prägende oder gar negative Erfahrungen gesammelt.

Hinzu kommt noch, daß sie vielfach beinahe sprachlos sind,

wenn sie mitteilen sollen, was ihrem persönlichen und beruflichen Leben Wert und Sinn verleiht.

Dies aber sollten diejenigen können, die später selbst Ethik-Unterricht in der Krankenpflegeausbildung verantworten wollen.

Wie also verstehe ich meinen Auftrag, das Fach Ethik an einer Evangelischen Weiterbildungsstätte zu unterrichten?

Mir sind in dieser Hinsicht zwei Schwerpunkte wichtig, die miteinander korrespondieren und die möglicherweise dazu beitragen, die oben erwähnte gemeinsame Plattform herzustellen.

Der erste Schwerpunkt umfaßt ein Angebot von mir als Lehrender an die Lernenden und dies kann auf dem Hintergrund meiner eigenen Lebens-, Glaubens- und Unterrichtserfahrungen nur lauten:

Ich möchte zu den Lernenden persönlich und beruflich in Beziehung treten. Ich möchte ihnen Gelegenheit geben, mich kennenzulernen als Lehrende und als Mitmensch. Sie sollen erfahren, woran ich glaube, was mir in Leben und Beruf lieb und wert ist, wo ich verletzlich bin und wie ich mein Leben insgesamt verstehe.

Dabei muß ich weniger wissen als erfühlen, wo durch meinen Unterricht zart oder kräftig, verborgen oder unverhüllt der Geist der Frohen Botschaft weht. Denn darüber muß ich mir als Lehrende klar sein, daß ethische Fragen zutiefst auch immer Fragen an mich als Christen sind, für die ich Antworten auch in der Bibel suchen und finden kann. Daher ist besonders in diesem Unterricht die Wechselbeziehung zwischen „weltlichen“ und christlichen Aussagen zu entdecken und aufzuzeigen.

In kaum einem anderen Unterricht ist es so wichtig wie im Ethik-Unterricht, den Lehrinhalt gemeinsam mit den Lernenden auszuwählen und zu gestalten. Dabei muß ich die Lernenden bei ihren Erfahrungen und Wertvorstellungen „abholen“ und mich mit ihnen wie ein Pfadfinder auf den Weg machen.

In kaum einem anderen Unterricht bin ich aber auch so stark auf das Mitgehen und -tragen der Gruppe angewiesen. Hier kann ich nicht einfach dozieren, über etwas sprechen, etwas erklären oder beweisen wollen. Hier stehen die Lernenden gleichberechtigt neben mir als solche, die nicht nur bestimmten Wahrheiten und Werten, sondern auch immer sich selbst auf die Spur kommen wollen.

Der zweite Schwerpunkt umfaßt ebenfalls ein Angebot, und zwar das eines Themen-Rahmens für den Ethik-Unterricht in der Weiterbildung, den die Lernenden auf dem Hintergrund ihrer Einsichten, Ansichten, Erfahrungen und Wünsche ausfüllen können. (Auf diesen Themenrahmen wird während der Darstellung der Unterrichtseinheiten näher eingegangen.) Mehr als einen Rahmen will ich nicht vorgeben, weil es mir ernst ist mit der Mitgestaltung des Unterrichts durch die Lernenden.

Im Blick auf die beiden Angebote wird vielleicht erkennbar, welche Überraschungen thematischer und zwischenmenschlicher Art der Unterricht für Lehrende und Lernende bereithalten kann.

Eine wesentliche Überraschung dabei ist für mich, daß ich als Lehrende zur Lernenden und die Lernenden zu Lehrenden werden können. Es liegt jedoch in der Natur eines Angebotes, daß es angenommen, aber auch abgelehnt werden kann, und beides geschieht auch in der unterrichtlichen Realsituation. Das erste ist ein befriedigendes, mit Kreativität verbundenes, das zweite ein schmerzliches, oft als unproduktiv empfundenes Erlebnis auf beiden Seiten.

Nach diesem kurzen Überblick über meine Unterrichtserfahrungen und -vorstellungen will ich das Ziel der Weiterbildung an der Schwesternhochschule der Diakonie beschreiben und die Konsequenzen, die sich für den Ethik-Unterricht daraus ergeben.

In unserem Schulprospekt steht darüber folgendes geschrieben:

„Die zukünftigen leitenden Schwestern und Unterrichtsschwestern werden während der Weiterbildung gemeinsam unterrichtet.

Einmal sind Eignung und Neigung oft erst nach Beendigung des Lehrganges sicher festzustellen, zum anderen fördert die Kenntnis beider Aufgaben die spätere Zusammenarbeit von

Pflegedienstleitung und Unterrichtsschwester und ermöglicht auch ein Überwechseln von dem einen in das andere Amt. Die gemeinsame Weiterbildung ist noch aus einem anderen Grund sinnvoll. Die späteren Aufgaben der leitenden Schwester und der Unterrichtsschwester haben letztlich dieselbe Intention: Pflege zu gewährleisten, die fachliche Kompetenz mit menschlicher Zuwendung verbindet. Dieses Ziel wird angestrebt

- von der leitenden Schwester, indem sie in ihrem Verantwortungsbereich die Voraussetzungen für eine solche Pflege schafft und die am Kranken Tätigen zu ihrer Anwendung hinführt.
- Von der Unterrichtsschwester, indem sie die Ausbildung so gestaltet, daß die Krankenpflegeschüler/innen das nötige Wissen, Können und Verhalten für eine solche Pflege erwerben.

Im Hinblick auf diese Zielsetzung werden während des Weiterbildungslehrganges für beide Gruppen folgende Bildungsziele angestrebt:

Die leitende Schwester und Unterrichtsschwester erwerben jede für ihren Aufgabenbereich die Fähigkeit, zwischenmenschliche Beziehungen herzustellen und zu erhalten, mit anderen zusammenzuarbeiten, systematisch zu planen und zu organisieren, zielgerichtet zu unterrichten und zu erziehen, klar zu beurteilen und zu beraten."

Im Blick auf diese Bildungsziele ist zu fragen, was die Teilnehmer/innen, die sich während des Weiterbildungslehrganges auf die Übernahme von Führungsaufgaben im pflegerischen Bereich vorbereiten, im Ethik-Unterricht zu lernen haben.

Zur Beantwortung dieser Frage mag folgender Vergleich hilfreich sein:

Während es in der Krankenpflegeausbildung vorrangig darum geht, daß die Schülerinnen und Schüler im Ethik-Unterricht ethische Grundfragen ihres zukünftigen Berufes kennenlernen, um sich mit ihnen in Theorie und Praxis auseinanderzusetzen, so geht es in der Weiterbildung vorrangig darum, daß die Lehrgangsteilnehmer/innen es lernen, Unterricht in Berufsethik zu erteilen.

Dies gilt sowohl für die zukünftige Unterrichtsschwester als auch für die Pflegedienstleitung. Erstere ist später für die Krankenpflegeausbildung mitverantwortlich, letztere für die innerbetriebliche Fortbildung in ihrem Hause. Und in beiden – in Aus- und Fortbildung – werden immer auch ethische Fragen behandelt, entweder im Ethik-Unterricht selbst oder integriert in andere Unterrichtsfächer.

Aus diesem Grund werden mit dem Ethik-Unterricht während der Weiterbildung Ziele verfolgt, die weniger dem Erwerb neuer Kenntnisse als vielmehr der Auseinandersetzung mit bisher verinnerlichten Werthaltungen und Normen dienen. So ist z. B. intendiert, daß die Lehrgangsteilnehmerinnen:

- sich bewußt machen, was ihrem Leben und Beruf Wert und Sinn verleiht, welche Normen für sie verbindlich sind und warum
- sich in der Diskussion mit diesen Werten und Normen auseinandersetzen, um sie ggf. zu relativieren, zu revidieren oder begründet zu verteidigen
- sich Gedanken machen über ihren Beitrag zum Ethik-Unterricht in der Krankenpflegeaus- und -fortbildung
- Kenntnisse erwerben über mögliche und notwendige (aktuelle) Unterrichtsinhalte, -methoden und -ziele
- die erworbenen Kenntnisse zum Zweck der Einübung exemplarisch in unterrichtliches Handeln umsetzen
- sich Gedanken machen über die Art der Zusammenarbeit mit anderen Dozenten, sowie über die Möglichkeit und Notwendigkeit der Fächerintegration ethischer Themen
- die Vorbildfunktion erkennen und bejahen, die sie als Unterrichtsschwester und leitende Schwester in der Krankenpflege und speziell im Ethik-Unterricht einnehmen (müssen) etc.

Weil bei den zukünftigen Unterrichtsschwestern und leitenden Schwestern aufgrund ihrer Berufsausbildung und -erfahrung schon „gelebte" Berufsethik vorausgesetzt werden kann, muß diese auch in die Unterrichtsgestaltung mit einbezogen, ja sie sollte – wo möglich – sogar zum Unterrichtsgegenstand gemacht werden.

Es liegt auf der Hand, daß dieses Einbeziehen ein hohes Maß an Offenheit und Flexibilität im Miteinander von Lehrenden und Lernenden sowie in der Auswahl der Unterrichtsinhalte und -methoden verlangt.

Und es verlangt auch die Mitentscheidung der Lehrgangsteilnehmerinnen bei dieser Auswahl, denn in ihnen sollen ja Fähigkeit und Freude wachsen, die selbst ausgewählten und bearbeiteten Themen schließlich selbst zu unterrichten. Daß es während der unterrichtlichen Zusammenarbeit auch zu Auseinandersetzungen mit persönlichen ethischen (nicht nur berufsethischen) Problemen kommt, ist verständlich. Dieser Auseinandersetzung muß m. E. bei aller noch so präzisen Planung Raum gegeben werden, auch dann, wenn ich als Unterrichtende da mit hineingezogen und auf meine persönliche Lebensführung hin befragt werde.

So werde ich z. B. von den Lerngruppen immer wieder gefragt, was es mit meiner Zugehörigkeit zu einer Evangelischen Schwesternschaft auf sich hat. Und regelmäßig steht hinter dieser Frage der brennende Wunsch einiger Teilnehmerinnen, sich mit der besonderen Lebensform einer verbandlich gebundenen Schwester auseinanderzusetzen, deren „Lebensqualität" zu überprüfen und mit der eigenen zu vergleichen.

Da an unserer Schule im Vollzeitunterricht gearbeitet wird, und ich zu den hauptamtlichen Dozenten gehöre, die an jedem Schultag anwesend sind, lernen die Gruppen mich auch außerhalb meines Unterrichts recht gut kennen, so daß ich ihnen, besonders im Blick auf die eben beschriebene Frage, nichts vormachen kann.

Sie spüren sofort, ob sich bei mir Wort und Handeln decken und reagieren – wenn dies ihrer Meinung nach nicht der Fall ist – entweder mit Rückzug oder Konfrontation.

So gesehen ist der Ethik-Unterricht an unserer Schule nicht nur auf die wenigen offiziellen Stunden beschränkt, in denen wir uns gezielt mit ethischen Problemen befassen. Uns liegt sehr daran, daß die Lehrgangsteilnehmerinnen neben allem, was sie zu lernen haben, auch ihrem Ethos, dem, was ihr Leben und ihren Beruf prägt, auf die Spur kommen. Sie sollen begreifen, wie stark die von ihnen verinnerlichten Lebenswerte die Art ihrer zukünftigen Lehr- und Erziehungsarbeit bestimmen werden.

Und daher ist es so wichtig, daß zunächst wir, die Hauptamtlichen an der Schwesternhochschule der Diakonie, glaubwürdig (nicht perfekt) darstellen, aus welcher Quelle wir leben und was unserem Dasein Wert und Würde verleiht. Es liegt auf der Hand, daß sich diese Art Ethik-Unterricht über die ganze achtzehnmonatige Weiterbildung erstreckt und daß jede Begegnung mit den Teilnehmerinnen ein „ethisches Thema" sein kann.

Lieber Herr Pastor B., ich habe versucht, unsere Situation an der Schwesternhochschule der Diakonie zu skizzieren und davon die Ansätze für unseren Ethik-Unterricht abzuleiten.

Mit herzlichen Grüßen,
Ihre Schwester Hilde-Dore Abermeth

1.3 Zur Thematik

Während es im voraufgegangenen Briefwechsel darum ging, die Notwendigkeit des Ethik-Unterrichtes im Rahmen der Weiterbildung zu begründen, die Standortbestimmung der Lehrenden und der Lerngruppe vorzunehmen und davon die wichtigsten inhaltlichen und methodischen Konsequenzen abzuleiten, werden im Hauptteil einzelne Unterrichtseinheiten vorgestellt, so wie sie in den letzten Jahren gemeinsam mit den Lehrgangsteilnehmerinnen ausgewählt und erarbeitet worden sind.

Jeder Unterrichtseinheit wird eine kurze Einführung vorangestellt.

Diese gibt Auskunft über:
- die Begründung der Themenwahl
- die Zielvorstellungen
- besondere christliche Fragestellungen (ggf.)
- Möglichkeiten der Fächerintegration

Die Verlaufsplanung der jeweiligen Unterrichtseinheit umfaßt:
- Ziele der UE
- Inhalte, Methoden, Medien
- die Angabe von Materialien
- Lesehinweise

Abgeschlossen wird jede Unterrichtseinheit (wo möglich) mit Hinweisen auf weiterführende und/oder ergänzende Themen.

2. Grund-legendes: Im Vorfeld der Berufsethik

2.1 *Einführung in die erste UE*

Begründung der Themenwahl

In dieser ersten, der sogenannten ‚Einstimmungseinheit' geht es vorrangig um die Klärung so wichtiger Begriffe wie Ethik, Ethos/Moral, Gewissen, Werte, Normen etc. und dies sowohl aus persönlicher (was weiß ich selbst über diese Begriffe, was bedeuten sie mir?) als auch aus allgemeiner Sicht (Definitionen in der Literatur).

Die Auseinandersetzung mit diesen Begriffen und die Kenntnis ihrer Bedeutung im persönlichen und beruflichen Leben ist eine wesentliche Voraussetzung für die Leitungs- und Unterrichtstätigkeit, in der klare ethische Aussagen und Sicherheit im Umgang mit berufsethischen Werten und Normen gefordert werden.

Zielvorstellungen

Mit dieser UE kann erreicht werden, daß sich die LL ihrer Kenntnisse, Einstellungen und Erfahrungen zum Thema Ethik und Berufsethik der Krankenpflege bewußt sind, daß sie diese im Gespräch miteinander reflektieren und dabei erkennen, wie stark ihr eigenes Ethos die Art ihres Verhaltens in allen Lebensbereichen prägt.

Da die meisten LL vor Beginn der Weiterbildung für kürzere oder längere Zeit als Unterrichtsassistentinnen an Krankenpflegeschulen tätig waren, sind sie fähig, die erste UE daraufhin zu überprüfen, ob und in welcher Weise sie sich auch für den Ethik-Unterricht in der Krankenpflegeausbildung eignet.

Christliche Fragestellungen

Sind die uralten, ethischen Werte und Normen in der Bibel (noch) bekannt? (z.B. die 10 Gebote, das Liebesgebot Jesu)

Sind sie (noch) Hilfe für Leben und Sterben, bei der gemeinsamen Arbeit, im Unterricht? Sind sie Bestandteil unserer Ethik, speziell unserer Berufsethik in der Krankenpflege?

Frage des fächerübergreifenden oder fächerintegrierten Unterrichts

Die Themen der ersten und auch aller folgenden UE werden im Rahmen der Weiterbildung an der Schwesternhochschule der Diakonie unter den beschriebenen Zielvorstellungen im Fach „Berufsethik" behandelt. Darüber hinaus kommen Teilinhalte auch in den Fächern „Berufskunde", „Evangelische Anthropologie", „Geschichte der Krankenpflege", „Pädagogik" etc. zur Sprache. Ethische Themen lassen sich ja in den seltensten Fällen in nur einem Unterrichtsfach erschöpfend behandeln. Sie sind meist so vielschichtig, daß es sogar wünschenswert ist, sie aus den unterschiedlichsten Blickwinkeln zu betrachten.

2.2 *Begriffserklärungen*

Ziel

Überprüfen der Kenntnisse zum Thema Ethik, Reflexion ethischer Einstellungen.

Die US führt in Sinn und Ziel dieser UE ein (Kurzvortrag). Sie macht die LL neugierig auf den Unterricht, indem sie von den Eintragungen auf der vorbereiteten **OHP-Folie** (M 1; s. S. 20) zunächst nur die Überschrift Ethos/Moral aufdeckt.

Sie bittet die LL zu erklären, was sie unter den beiden Begriffen verstehen. Im Anschluß an diese Einstiegsphase deckt die US die erste Spalte auf der OHP-Folie auf und gibt anhand der dort aufgezeichneten Stichworte einen kurzen Überblick (Kurzvortrag) über Ursprung und Entwicklung der Begriffe Ethos und Moral. Die LL-Beiträge werden in diesen Überblick miteinbezogen.

In gleicher Weise verfährt die US mit den Begriffen Gewissen und Ethik, die ebenfalls stichwortartig auf der **OHP-Folie** erklärt werden.

Im Anschluß daran regt die US die LL zu einem Gedankenaustausch (Rundgespräch) darüber an,
- was und wer ihr persönliches Ethos und Gewissen geprägt haben,
- was ihrem Leben Wert und Sinn verleiht,

– wodurch Ethos und Gewissen verändert werden können (und im Laufe der eigenen Entwicklung auch schon verändert worden sind),
– in welcher Weise biblische Normen und Werte bis heute das menschliche Miteinander beeinflussen.

Die US nimmt als Mitglied an diesem Rundgespräch teil. Sie betraut eine der LL mit der Protokollführung und bittet sie, nach Abschluß des Gespräches das gemeinsam erarbeitete Ergebnis aufzuzeigen.

Nach dem Rundgespräch gibt sie mittels einer zweiten vorbereiteten **OHP-Folie** (M 2; s. S. 22) einen Überblick über den Weg, auf dem eine Gesellschaft die für sie wesentlichen Werte verwirklichen kann.

Die LL erhalten abschließend zwei **AB**, deren Aufzeichnungen mit denen auf den beiden OHP-Folien identisch sind. Sobald es fertiggestellt ist, bekommen sie auch das **Ergebnisprotokoll** des Rundgespräches in die Hand. Damit haben sie dann eine zusammengefaßte Inhaltsübersicht über die erste Doppelstunde in Händen.

2.3 *Fragen und Antworten zur Berufsethik der Krankenpflege*

Ziel

Austausch von Erfahrungen und Einsichten, um Klarheit zu gewinnen über
– den eigenen Kenntnisstand,
– die eigenen Einstellungen zum Thema.

Erste gemeinsame Überlegungen über die Unterrichtsgestaltung einzelner Themen aus dem Bereich Berufsethik in der Krankenpflege

Im Blick auf das Ziel ist in der zweiten und dritten Doppelstunde arbeitsteiliger Gruppenunterricht vorgesehen.

Bevor die US aber die Arbeitsaufträge vergibt, hält sie eine kurze Rückbesinnung (Kurzvortrag) auf die vergangene Stunde:

„Niemand von uns lebt ohne innere Werte und Normen, ohne Lebensqualität. Sie bestimmen unser Verhalten und werden deutlich z. B. in der Art, in der wir leben, arbeiten, diskutieren, lehren und lernen, in der Art wie wir feiern, uns freuen oder traurig sind. Unser Ethos prägt uns und macht uns zu dem, der wir sind.

Doch kennen wir es, wissen wir sicher, welche Werte unser Leben bestimmen, von wem oder wodurch wir sie gelernt

M 1: Begriffserklärungen*

Folie

Ethos (gr.) / Moral (lat.)
Sitte, Brauch – aber auch Gewohnheit – Gesinnung d. h. *Gewohnheit:* Für den Raum des *Wohnens* bestehen Regeln, die das Zusammenleben der Bewohner eines Hauses ordnen = Hausordnung *Gesinnung:* Das einsichtige Einüben in die Regeln (Lernprozess) führt zu ihrer Verinnerlichung, so als wären die Regeln nicht mehr von außen gesetzt, sondern kämen aus dem Inneren des Menschen, d. h. aus der *Gewohnheit* kann sich die *Gesinnung* entwickeln, die dann – wie vorher die von außen gesetzten (Verhaltens-)Regeln – dem Leben Halt und Qualität verleiht. Daher: Das Ethos (die Moral) bildet sich aus vorgegebenen Regeln (Normen), die das menschliche Zusammenleben ordnen. (Zunächst in der Familie, dann in Schule, Beruf, Gesellschaft etc.) Die Regeln/ Normen/ Gesetze müssen so beschaffen sein, daß die von einer Gesellschaft allgemein anerkannten Werte geschützt, verwirklicht werden können, z. B. – Erhaltung menschlichen Lebens – Schutz des Eigentums – Meinungsfreiheit etc. Stark prägend für das Ethos einer Gesellschaft und damit ihrer Mitglieder ist die jeweilige Weltanschauung, die Religion.

* Begriffsdefinitionen aus:
- Duden, Herkunftswörterbuch 1963
- Meyers Großes Universallexikon 1982

Gewissen	*Ethik (gr.)*
Richtschnur für das *persönliche* ethische Verhalten, d.h.: wissen, *gewiss* sein, was für mich richtiges oder falsches Verhalten ist. Sich schuldig fühlen bei Handlungen gegen besseres (Ge-)Wissen. Das Ethos der Eltern legt den Grund für die Gewissensentwicklung ihrer Kinder.	*Nachdenken über* oder *Lehre* (Theorie) der Werte und Normen (Verhaltensregeln), die – das Leben und Arbeiten des Einzelnen und sein Zusammenleben mit anderen ordnen *(Allgemeine Ethik)* – das Verhalten des Einzelnen zu und in seinem Beruf bestimmen und deren Einhaltung von ihm erwartet (gefordert) wird *(Berufsethik)* – das Verhalten der Krankenschwester, des -pflegers zu und in ihrem Beruf bestimmen und deren Einhaltung von ihnen erwartet (gefordert) wird *(Berufsethik der Krankenpflege)* – das Verhalten des Christen vom Evangelium her bestimmen und deren Einhaltung von ihnen erwartet (gefordert) wird *(christliche Ethik)* Ethos ist gelebte Ethik Ethik ist die Lehre vom Ethos Ethik muß dynamisch sein, weil Wissen und Erkennen des Menschen situationszeit- und kulturgebunden sind. Es gibt im Bereich der Ethik keine vorgefertigten „ewig gültigen" Antworten, es muß in jeder Zeit neu geforscht und entdeckt werden, was in welcher Weise zu tun ist. Und dies setzt nicht nur eine bestimmte Gesinnung, sondern vor allem Verantwortung voraus. „Gesinnungsethik, die nicht auch Verantwortungsethik ist, verdient nicht, Ethik zu heißen." (Albert Ziegler SJ in ‚Krankenpflege' 3/86 S. 40)

M 2: Weg der Werte-Verwirklichung in der Gesellschaft[1]

Jede Gesellschaft hat allgemeine Werte, d. h. Ziele, erstrebenswerte Zustände, die ein Einzelner allein nicht erreichen kann, z. B.

- Meinungsfreiheit
- Schutz des Lebens
- Religionsfreiheit
- Recht auf Pflege in Krankheit und Alter etc.

Diese Werte (Ziele) machen dem Einzelnen den Anschluß an (s)eine Gesellschaft wertvoll, er kann sie gemeinsam mit anderen erreichen.

↓

Die Gesellschaft als Gesamtheit delegiert die Verwirklichung ihrer Werte an bestimmte Organisationen, z. B. an:

- Kirchen
- Schulen
- Krankenhäusern
- Schwesternschaften
- Berufsverbände
- Betriebe
- Regierungen etc.

→

Die Organisationen geben Hilfen zur Verwirklichung, indem sie Verhaltensregeln (Normen) vorgeben und verbindlich machen
Beispiel:
Wert = Recht auf Pflege in Krankheit und Alter
Normen = Pflege ohne Ansehen der Person, Schweigepflicht etc.

↓

Der Einzelne lernt in der Organisation, in der er lebt und/oder arbeitet, die gesellschaftlichen Wertvorstellungen kennen und mit Hilfe von Verhaltensregeln (Normen) – meist gemeinsam mit anderen – zu verwirklichen.
Das erfordert von ihm, daß er sein Ethos daraufhin befragen muß, ob und in wie weit er den vorgegebenen Normen entsprechen kann oder sogar muß und ob sie wirklich dazu dienen, die von der Gesellschaft bejahten Werte zu verwirklichen. (Verantwortungsethik).

Zum Nachdenken

„Was ist Ethik? Ethik ist das Nachdenken über Maßstäbe des menschlichen Handelns, um die Frage beantworten zu können: Was sollen wir tun?
Zur Ethik gehört also einerseits das Nachdenken über die Welt und Lebenssicht, über den Sinnzusammenhang des Lebens, aus dem Menschen jeweils Maßstäbe für ihr Handeln ableiten und andererseits die gedanklich verantwortliche Arbeit über diese Maßstäbe, das aus ihnen folgende Handeln und dessen Folgen."[2]

---

[1] Aus: „Arbeitstexte" von Wolfgang Willig. – Eigenverlag Balingen 1985
[2] Aus: „Haus für Kranke" von Reinhard Neubauer – Göttingen 1981

haben? Können wir mit anderen darüber sprechen, was unserem Leben Wert und Sinn verleiht?

Es ist sehr wichtig, sich darüber Gedanken zu machen, besonders dann, wenn wir gefragt werden, z.B. nach unserer Zugehörigkeit zu einer Schwesternschaft oder Glaubensgemeinschaft oder nach der Art unserer persönlichen Lebensgestaltung. Wissen wir darauf eine Antwort, die der andere auch versteht?

Jede US wird z.B. ihren Unterricht (bewußt oder unbewußt) nach ihrem Ethos gestalten.

Sie sollte sich darüber klar sein, zu ihrer Werthaltung stehen und sie denen erklären können, die sie danach fragen – und dies wird ganz bestimmt dann geschehen, wenn sie Ethik-Unterricht erteilt.

Eine gute Gelegenheit, sich über diese Fragen Gedanken zu machen, ist die nachfolgend geplante Gruppenarbeit."

Die US hat drei **AB** mit je einem Arbeitsauftrag vorbereitet.

Die LL bilden drei Gruppen (Arbeitsteiliger Gruppenunterricht), von denen sich je eine für einen Arbeitsauftrag entscheidet.

Erster Arbeitsbogen

„Fragen zur Berufsethik in der Krankenpflege"

- Welches sind Ihrer Meinung nach die für den Krankenpflegeberuf verbindlichen (unaufgebbaren) Werte?
- Welche Normen (Verhaltensregeln) sind Ihrer Meinung nach hilfreich für die Verwirklichung dieser Werte?
- Wer stellt solche Normen für die Krankenpflege auf?
- Durch wen (oder was) werden sie gelehrt und in welcher Weise?
- Wie sehen Lohn und Strafe bei Befolgen oder Nicht-Befolgen gesetzter Normen aus?
- Welche Einflüsse können gültige Werte und Normen verändern?
- Was bedeuten Ideal- und was Realnormen für die Krankenpflege?

Arbeitsauftrag:

1. Vorüberlegungen zu den einzelnen Fragen in Still-/Einzelarbeit (15–20 Min.)

2. Beantwortung der Fragen in Kleingruppen Antworten stichwortartig auf OHP-Folien (ca. 30 Min.)

Zweiter Arbeitsbogen
„Fragen zur eigenen Berufssituation"

Überlegen Sie bitte gemeinsam in Ihrer Gruppe und versuchen Sie Antwort zu finden auf die Fragen:

Welches sind unaufgebbare Werte und Normen
- in dem Krankenhaus, aus dem Sie kommen,
- in der Krankenpflegeschule, in der Sie als Unterrichtsassistentin tätig waren.

Welche Normen (Verhaltensregeln) haben Sie als besonders hilfreich für die Verwirklichung bestimmter Wertvorstellungen erlebt? – Warum?

Welche Normen halten Sie für überholt (unwirksam)? – Warum?

Arbeitsauftrag:
1. Vorüberlegungen zu den einzelnen Fragen in Still-/Einzelarbeit (15–20 Min.)
2. Beantwortung der Fragen in Kleingruppen Antworten stichwortartig auf OHP-Folien (ca. 30 Min.)
3. Diskussion im Plenum anhand der OHP-Folien (ca. 25 Min.)

Dritter Arbeitsbogen
„Fragen zur persönlichen Situation"

Überlegen Sie bitte gemeinsam in Ihrer Gruppe und versuchen Sie Antwort zu finden auf die Fragen:

Welche Werte habe ich selbst verinnerlicht? (z. B. Ordnungsliebe, Helfenwollen)

Welchen Einfluß haben die von mir verinnerlichten Werte und Normen (Verhaltensregeln) auf die Art meiner Menschenführung z. B.
- in der Stationsleitung,
- im Umgang mit Patienten und Angehörigen,
- in der Anleitung von Krankenpflegeschüler/innen,
- in der täglichen Zusammenarbeit etc.

Beschreiben Sie die Art des Einflusses jeweils an zwei Beispielen (Situationsbeschreibungen) oder

Stellen Sie Ihre Beschreibung im Rollenspiel dar (Situationsdarstellung)

Arbeitsauftrag:
1. Vorüberlegungen zu den einzelnen Fragen in Still-/Einzelarbeit (15–20 Min.)
2. Gruppenarbeit: Besprechen, auswählen und formulieren der Situationen, Wahl der vortragenden oder spielenden Teilnehmerinnen, Einüben der Rollenspiele (ca. 30 Min.)
3. Vortrag oder Darbietung im Plenum, Diskussion (ca. 25 Min.)

Kommentar

Erfahrungsgemäß setzen sich die LL gern und intensiv mit den Arbeitsaufträgen der AB 1 und 2 auseinander, weil es hier vorrangig um berufsethische Fragen allgemeiner Natur geht, die besonders gut in einer bereits berufserfahrenen Gruppe durchdacht und beantwortet werden können. Viele der LL geben zu, daß sie sich seit ihrer Ausbildungszeit nicht mehr mit ethischen Problemen beschäftigt haben und daß sie dies im Blick auf ihre spätere Unterrichts- oder Leitungstätigkeit jetzt nachholen müßten.

An den dritten Arbeitsauftrag gehen sie meist sehr zögernd heran, da dieser sie persönlich herausfordert. Daher wird es an dieser Stelle nur dann zu einer Annahme des Auftrages und zu einem für alle förderlichen Ergebnis kommen, wenn die LL sich gegenseitig vertrauen können.

Gelingt dieses, so empfinden die einzelnen es als hilfreich, wenn sie sich über die eigene Wertwelt Gedanken machen und diese auch in Worte kleiden können.

Die US faßt die erste UE (Kurzvortrag) zusammen:

„Verhaltensregeln (Normen) sind dann hilfreich für die Verwirklichung oder den Schutz gesellschaftlicher, beruflicher und persönlicher Werte, wenn sie denen, die sie einhalten sollen, als Wegweisung und Halt dienen. Normen sind dann wirkungslos, wenn sie sich als ‚Joch' oder als ‚morsches Geländer' erweisen.

Beispiel: Wenn in der Krankenpflege das Ziel (Wert) einer ganzheitlichen Pflege angestrebt wird, so können folgende Verhaltensregeln (Normen) hilfreich sein, es zu erreichen:
– partnerschaftliche Zusammenarbeit,

– lückenlos (dokumentierte) Patienteninformationen,
– freundlicher Umgangston,
– Fachkompetenz etc.

Diese Verhaltensregeln können sich aber sehr schnell zum ‚Joch' auf dem Hals der Krankenschwestern entwickeln, wenn diese keine Unterstützung erhalten, z. B. dadurch
– daß sie Einübungszeit erhalten,
– daß sie ermutigt werden,
– daß sie begleitet und korrigiert werden,
– daß ihnen zur Einsicht in den Wert einer ganzheitlichen Pflege verholfen wird etc.

In dem Maße, in dem sie Verhaltensregeln (Normen) einsichtsvoll mitgestalten können, in dem Maße werden auch die hinter ihnen stehenden Werte verinnerlicht werden können. Um diese Einsicht muß sich jede Krankenschwester bemühen."

Lesehinweise zur ersten Unterrichtseinheit

Genewein C. M./Sporken P.: Menschlich pflegen. Grundzüge einer Berufsethik für Pflegeberufe. Düsseldorf 1877

Fülling, Horst (Hrsg.): Berufsethik in der Krankenpflege. Hilfen für den Unterricht. Diakonisches Werk der Ev. Kirche von Westfalen, 2. Aufl. 1985

Sporken, Paul: Die Sorge um den kranken Menschen. Grundlage einer neuen medizinischen Ethik. Düsseldorf 1979

Willig, Wolfgang: „Unterrichtsplanung" und „Arbeitstexte" für Psychologie, Soziologie, Pädagogik an Pflegeschulen. Balingen 1983

Evangelischer Erwachsenen-Katechismus: Gütersloher Verlagshaus Gerd Mohn, 4. überarbeitete Auflage 1982

Neubauer, Reinhard: Haus für Kranke. Göttingen 1981

Duden Herkunftswörterbuch: Mannheim 1963

Meyers Großes Universallexikon 1986

3. Berufsethische Grundlagen der Krankenpflege

3.1 Einführung in die zweite UE

Begründung der Themenwahl und Zielvorstellungen

In der zweiten UE geht es einerseits um die Auseinandersetzung mit den „Berufsethischen Grundregeln der Krankenpflege“ (M 3; s. S. 28/29) und andererseits um die Erarbeitung eines „Kleinen Lehrplanes“ für den Ethik-Unterricht in der Krankenpflegeausbildung. Die Grundregeln werden deshalb zur Bearbeitung ausgewählt, weil sie

- in der Krankenpflege allgemein bekannt und als verbindlich anerkannt sind,
- sich auf übergeordnete berufsethische Schwerpunkte beschränken, die im Blick auf die jeweils spezielle Situation z. B. eines Krankenhauses, einer Ausbildungsstätte oder einer Gemeindepflegestation Raum genug lassen für eine differenzierte und spezifische Ausgestaltung,
- im internationalen Rahmen von Krankenschwestern und -pflegern erarbeitet wurden.

Die LL durchdenken und überprüfen in kleinen Gruppen die Grundregeln mit dem Ziel, sie methodisch-didaktisch aufzubereiten.

Diese gemeinsame Arbeit befähigt sie,

- die in den Regeln enthaltenen ethischen Unterrichtsthemen herauszufinden und zu formulieren,
- von den Themen Lehr-/Lernziele abzuleiten und adäquate begründete Methodenvorschläge zu erarbeiten,
- den Bezug zwischen den jeweiligen Themen und dem Ausbildungsstand (Semester) der Krankenpflegeschüler/innen sowie zwischen den jeweiligen Themen und den infrage kommenden Dozenten herzustellen,
- die in Kleingruppen erarbeiteten Ergebnisse im Plenum vorzustellen und konstruktiv-kritisch zu diskutieren.

M 3: Ethische Grundregeln für die Krankenpflege[1]

Erstmals wurde in Sao Paulo, Brasilien, Juli 1953, vom Aufsichtsrat (Grand Council) des Weltbundes der Krankenschwestern und Krankenpfleger (ICN) Ethikregeln für die Krankenpflege angenommen. Diese wurden vom Aufsichtsrat im Juni 1965 in Frankfurt am Main, Bundesrepublik Deutschland, revidiert.

Die vorliegende Berufsethik wurde vom ICN-Fachausschuß für Krankenpflege ausgearbeitet und vom Rat der Ländervertreterinnen in Mexico City, Mai 1973, angenommen.

Die Krankenschwester[2] hat vier grundlegende Aufgaben: Gesundheit zu fördern, Krankheit zu verhüten, Gesundheit wiederherzustellen, Leiden zu lindern.

Der Bedarf an Pflege besteht weltweit. Zur Pflege gehört die Achtung vor dem Leben, vor der Würde und den Grundrechten des Menschen. Sie wird ohne Rücksicht auf Nationalität, die Rasse, den Glauben, die Hautfarbe, das Alter, das Geschlecht, die politische Einstellung oder den sozialen Rang ausgeübt.

Die Krankenschwester übt ihre berufliche Tätigkeit zum Wohle des einzelnen, der Familie und der Gemeinschaft aus; sie koordiniert ihre Dienstleistungen mit jenen verwandter Gruppen.

Die Krankenschwester und der einzelne

Die vordringlichste Verantwortung der Krankenschwester gilt dem pflegebedürftigen Menschen.

Die Krankenschwester sorgt bei ihrer Tätigkeit dafür, daß die Wertvorstellungen, die Sitten und Gewohnheiten sowie der Glaube des einzelnen respektiert werden.

Die Krankenschwester betrachtet jede persönliche Information als vertraulich und leitet sie mit Überlegung weiter.

Die Krankenschwester und die Berufsausbildung

Die Krankenschwester ist für die Ausübung der Pflege sowie für ihre fortlaufende Weiterbildung persönlich verantwortlich.

Die Krankenschwester hält die Pflege auf dem höchsten Stand, der in einer gegebenen Situation möglich ist.

---

[1] Originaltext englisch (Code for Nurses).

[2] Krankenpfleger entsprechend für Krankenschwester im gesamten Wortlaut.

Die Krankenschwester beurteilt die Fähigkeiten der Personen, von denen sie Verantwortung übernimmt oder an die sie Verantwortung weitergibt.

Die Krankenschwester sollte in ihrem beruflichen Handeln jederzeit auf ein persönliches Verhalten achten, das dem Ansehen des Berufes dient.

Die Krankenschwester und die Gesellschaft

Die Krankenschwester teilt mit anderen die Verantwortung dafür, daß Maßnahmen zugunsten der gesundheitlichen und sozialen Bedürfnisse der Bevölkerung ergriffen und unterstützt werden.

Die Krankenschwester und ihre Mitarbeiter

Die Krankenschwester sorgt für eine gute Zusammenarbeit mit den Mitarbeitern auf pflegerischen und anderen Gebieten.

Die Krankenschwester greift zum Schutz des Patienten ein, wenn sein Wohl durch einen Mitarbeiter oder eine andere Person gefährdet ist.

Die Krankenschwester und der Beruf

Die Krankenschwester ist maßgeblich daran beteiligt, wünschenswerte Richtlinien für die Berufsausübung und Berufsausbildung festzulegen und zu verwirklichen.

Die Krankenschwester wirkt aktiv mit, ein Fundament an beruflichem Wissen aufzubauen.

Durch ihren Berufsverband setzt sich die Krankenschwester ein für die Schaffung und Erhaltung gerechter sozialer und wirtschaftlicher Arbeitsbedingungen in der Krankenpflege.

Die Berufsethik ist erhältlich
in englischer, französischer und spanischer Sprache beim internationalen Council of Nurses, P. O. Box 42, CH-1211 Genève 20 (Schweiz).

In deutscher Sprache beim
Deutschen Berufsverband für Krankenpflege, D-6000 Frankfurt 71, Heinrich-Hoffmann-Straße 3.

Die intensive selbständige Arbeit an den berufsethischen Grundregeln der Krankenpflege festigt die Kenntnisse der LL auf diesem Gebiet und setzt sie instand, von den zeitlos und allgemein gehaltenen Aussagen, aktuelle, praxisbezogene Unterrichtsthemen abzuleiten, in denen auch spezielle zeit- und situationsgebundene Gegebenheiten berücksichtigt werden können.

Christliche Fragestellung

Lassen sich in den berufsethischen Grundregeln der Krankenpflege sogenannte christliche Tugenden entdecken?

3.2 *Ein Themenkatalog für den Ethik-Unterricht*

Ziel

Erarbeitung eines ‚Kleinen Lehrplanes' für den Ethik-Unterricht in der Krankenpflegeausbildung

Die US gibt den LL einen Überblick (Kurzreferat) über Ziel und Unterrichtsverfahren der geplanten Einheit.

Sie stellt die Verbindung zwischen der ersten und zweiten UE her:

„Während in der ersten UE ethische Fragen noch relativ allgemein und grundsätzlich bedacht und besprochen wurden, soll es in der zweiten UE konkret um die gedankliche Vorplanung des berufsethischen Unterrichts in der Krankenpflegeausbildung gehen. Als Anregung und Leitfaden für diese Planung dienen die ‚Berufsethischen Grundregeln der Krankenpflege' vom ICN."

Die LL erhalten eine Kopie der Grundregeln (**AB** = M 3) und folgenden Arbeitsauftrag:

- Lesen der Grundregeln in Einzel-/Stillarbeit
- Weiterarbeit in kleinen Gruppen (bis zu 5 LL) gemeinsam herausarbeiten und schriftlich formulieren:
  Themen für den Ethik-Unterricht, die in den 6 Abschnitten der Grundregeln enthalten sind,
  Ziele, die mit der Vermittlung der Themen bei den Krankenpflegeschüler/innen erreicht werden können,
  Unterrichtsmethoden, die zum Erreichen der Ziele führen können,

Bezug der Themen zu den einzelnen Ausbildungssemestern,
Dozenten, die den Unterricht erteilen sollen,
ggf. *Einordnung der einzelnen Themen* in einen größeren Sachzusammenhang. (Alle getroffenen Aussagen bitte begründen).

- Die Ergebnisse der Gruppenarbeit stichwortartig auf **OHP-Folien** schreiben und im Plenum zur Diskussion stellen.
- Zusätzliche Abgabe eines **Gruppenprotokolls** zwecks Vervielfältigung.

Die US besucht und berät (wo nötig) die einzelnen Gruppen, läßt ihnen aber sonst freie Hand bei der Aufgabengestaltung.

In etwa erwartete Aufstellung der Themen, die aus den „Grundregeln" herausgelesen werden können:

Themen aus dem Vorspann
Die grundlegenden Aufgaben der Krankenschwester in Gesundheit, Krankheit, Leiden, Sterben.

Achtung und Ehrfurcht vor dem Leben, den Grundrechten und der Würde des Menschen, z. B.

- Geburtenregelung, Schwangerschaftsabbruch, Genmanipulation,
- Organspende(r), Organtransplantation,
- Der alte und der behinderte Mensch,
- Euthanasie- und Suicidproblematik,
- Abhängigkeit und Sucht,
- Patiententestament,
- Sinnfragen.

Die Krankenschwester im Krankenhaus, im Pflegeheim, in der Gemeinde und ihre Beziehung zum öffentlichen Gesundheitswesen etc.

Themen aus dem ersten Absatz
Die Krankenschwester und der pflegebedürftige Mensch, z. B.

- Gesundsein, Kranksein, Behindertsein,
- Gesundheitspflege, Krankenpflege, Sterbepflege,
- Krankheits- und Krankenhauserleben, ein Lernprozeß für Patienten, Angehörige, Pflegepersonal,
- Gesundheitserziehung,
- Krankenseelsorge,
- Pflege und Betreuung ausländischer Patienten,

– Vertrauen und Vertraulichkeit,
– Schweigepflicht – Redepflicht etc.

Themen aus dem zweiten Absatz
Die Krankenschwester und die Krankenpflege, z. B.:
– Pflegequalität – Pflegekonzepte – Pflegetheorien,
– Krankenpflegeprozeß, Pflegeplanung und -dokumentation,
– Anleiten, Begleiten, Beurteilen,
– Eigenständigkeit – Abhängigkeit – Zusammenarbeit,
– Förderungen – Überforderung – Unterforderung,
– Idealnormen – Realnormen,
– Vorbildsein(müssen),
– Psychohygiene in Beruf und Privatleben etc.

Themen aus dem dritten Absatz
Zusammenarbeit mit verwandten Berufsgruppen im Gesundheits- und Sozialwesen, z. B.:
– mit Sozialarbeitern, Gemeindekrankenschwestern, Amtsärzten, niedergelassenen Ärzten, Pfarrern u. a. m.,

Öffentlichkeitsarbeit,
Berufspolitisches Engagement,
Mitarbeit bei der Krankenpflegeforschung etc.

Themen aus dem vierten Absatz
Die Krankenschwester im Team, z. B.:
– Teamgeist, was ist das?
– Probleme der Zusammenarbeit,
  • Führen und Geführtwerden,
  • Macht und Ohnmacht,
  • Miteinander sprechen lernen (Gruppen- und Zweiergespräche),
  • Organisationsprobleme,
  • Verantwortungsprobleme etc.

Themen aus dem fünften Absatz
Die Krankenschwester im Berufsleben, z. B.:
– Beruf – Berufung – Job,
– Möglichkeiten der Berufsgestaltung (Ausbildung, Fort-, Weiterbildung),

- Schwestern- und Berufsverbände,
- Gewerkschaften und Mitarbeitervertretungen,
- Freie und verbandlich gebundene Schwestern in der Zusammenarbeit etc.

Kommentar
Die LL erkennen während der Gruppenarbeit meist sehr schnell, daß in den „Grundregeln“ die für die Krankenpflegeausbildung wesentlichen ethischen Themen angelegt sind.

Erfahrungsgemäß gestalten die Kleingruppen die ihnen gestellte Aufgabe sehr unterschiedlich je nach den beruflichen und persönlichen Erfahrungen und Einsichten der einzelnen Teilnehmerinnen.

Daraus ergibt sich bei der anschließenden Auswertung im Plenum ein interessantes und buntes Bild der Themengewichtung und -gestaltung, von dem die LL für ihre spätere Unterrichtsplanung profitieren können.

Um die kreativen Möglichkeiten der thematischen Gestaltung anzudeuten, werden nachfolgend zwei LL-Arbeiten exemplarisch in Form von Arbeitsprotokollen dargestellt.

3.3 „Kleiner Lehrplan“ der Berufsethik

Die beiden hier vorgestellten Protokolle wurden von den Arbeitsgruppen als ihr „Kleiner Lehrplan der Berufsethik“ verstanden.

Sie zeigen sehr deutlich, daß es den LL nicht nur um die Erledigung einer Schulaufgabe ging, sondern daß sie diese Aufgabe bereits im Blick auf ihre spätere Unterrichtstätigkeit gestalten wollten. In beiden Protokollen fließen daher eigene berufsethische Erfahrungen, erste methodisch-didaktische Kenntnisse und unterrichtliche Ziel-(Ideal-)Vorstellungen zusammen.

Arbeitsprotokoll einer ersten LL-Gruppe
Struktur der Gruppenarbeit:
1. Lesen der Grundregeln in Einzelarbeit
2. Brainstorming zum Begriff „Ethik“

3. Ordnen der Begriffe nach Themen für den Unterricht
4. Ein Unterrichtsbeispiel für den Einführungsblock der Krankenpflegeausbildung.

Zu 1 und 2: Nach dem Lesen der „Grundregeln“ erläutert jedes Gruppenmitglied kurz, was es persönlich unter dem Begriff „Ethik“ versteht und welche ethischen Themen während der Krankenpflegeausbildung gemeinsam mit den Lerngruppen erarbeitet werden sollten.

Folgende Themen werden von der Gruppe zusammengestellt:
- Gesundheit und Krankheit,
- Das Verhalten der Pflegenden zum Patienten,
- Christlicher Glauben, Nächstenliebe, Mitmenschlichkeit,
- Offenheit und Ehrlichkeit im Umgang mit anderen Menschen,
- Selbstdisziplin, Toleranz, Verantwortungsbewußtsein,
- Beruf, Berufsverständnis, Berufung,
- Probleme der Intensivpflege (z. B. Euthanasie, Organtransplantation),
- Probleme der gynäkologischen Pflege (z. B. § 218),
- Probleme in der Pflege alter und verwirrter Menschen (z. B. Macht und Ohnmacht),
- Probleme in Pflege und Betreuung z. B.
    - von Krebskranken (Kinder und Erwachsene)
    - von Dialysepatienten (Kinder und Erwachsene)
    - von ausländischen Patienten (Kinder und Erwachsene)
- Sterben, Tod, Sterbehilfe etc.

Zu 3: Im nächsten Arbeitsschritt versuchen die Gruppenmitglieder die ausgewählten Themen in Problemkreise zu untergliedern, um ihre Vielschichtigkeit darzustellen.

Hier ein Beispiel zum Thema Sterben:
- Sterben im Krankenhaus,
- Sterben zuhause,
- Sterbehilfe – Lebenshilfe,
- Sterben und Auferstehen,
- Hilflosigkeit und Helfenwollen. etc.

Die Gruppenmitglieder machen deutlich, daß das Angebot und die

Bearbeitung ethischer Themen im Krankenpflegeunterricht abhängig gemacht werden muß
- vom Erfahrungs- und Kenntnisstand der jeweiligen Schülergruppe,
- von den aktuellen Geschehnissen auf den Krankenstationen,
- von der Verfügbarkeit der infrage kommenden Dozenten.

Zu 4: Aus dem Themenkatalog wählen die Gruppenmitglieder einzelne Schwerpunkte aus, die ihrer Meinung nach im Einführungsblock mit den Sch erarbeitet werden sollten. Ihre Überlegungen fassen sie stichwortartig in folgendem Unterrichtsentwurf zusammen.

Unterrichtsentwurf für ein Zweitage-Seminar im Einführungsblock:

a) *Der erste Seminartag* wird unter der Fragestellung „Was bedeutet Ethik Ihnen persönlich?" gestaltet. Die Sch erhalten verschiedene Lexika als Definitionshilfe.

Methode: Kleingruppenarbeit
Die Startfrage soll mit Collagen (Schaubildern) beantwortet werden. Die gemeinsam erarbeiteten Collagen werden von den Kleingruppen im Plenum vorgestellt und kommentiert. Eine Plenumsdiskussion kann sich anschließen.

Ziele:
- Klärung des Begriffes „Ethik",
- Persönliche Auseinandersetzung mit diesem Begriff,
- Schöpferisches Gestalten des Themas,
- Verständnis gewinnen für das (möglicherweise) unterschiedliche ethische Verhalten der Mitschüler/innen,
- Parallelen ziehen zum ethischen Verhalten im Krankenpflegeberuf.

b) *Der zweite Seminartag* wird unter dem Thema „Die Aufnahme eines Patienten ins Krankenhaus" gestaltet.

Methode: Rollenspiel „Aufnahme eines Patienten ins Krankenhaus"
Gelenktes, erarbeitendes Unterrichtsgespräch zu folgenden Themen:
- die Situation des Patienten am Tag der Aufnahme,
- als Vergleich seine Situation zuhause,
- Erwartungen des Patienten (seiner Angehörigen) an das Krankenhaus (Möglichkeiten und Grenzen der Realisierung),
- seine Befürchtungen, Sorgen und Nöte (Möglichkeiten und Grenzen, sie zu beheben),

– Erwartungen des Pflegepersonals an den Patienten und seine Angehörigen.

Erstellen einer Wandzeitung zu folgender Frage: „Welche Erwartungen haben und welche Forderungen stellen Sie an Ihren zukünftigen Beruf?"
(Collagen und Wandzeitung sollten von der US aufbewahrt werden. Die jetzt bearbeiteten Themen eignen sich gut für eine Wiederholung am Ende der Ausbildung. Die zu Beginn der Ausbildung angefertigten Sch-Arbeiten dienen dann als impulsgebender Vergleich.)

Ziele:
- Einführung in die Berufsethik der Krankenpflege,
- Auseinandersetzung mit ersten beruflichen Realitäten,
- Einfühlen in die Situation eines Patienten,
- Ableiten pflegerischer Konsequenzen.

Dozenten: Beide Seminartage sollten von der US vorbereitet und durchgeführt werden. So lernt sie ihre Schüler-Gruppe und die Sch lernen sie gut kennen. Gegenseitiges Vertrauen kann aufgebaut werden.

Arbeitsprotokoll einer zweiten LL-Gruppe

Diese Gruppe wählt nach kurzer Absprache ein Pflegethema, an dem sie „die ethischen Grundregeln der Krankenpflege" vom ICN exemplarisch verdeutlichen will.

Pflegethema: Pflege eines türkischen Jugendlichen.

Die Gruppe erarbeitet zu diesem Thema ein Unterrichtskonzept (in Stichworten) für die Krankenpflegeausbildung, das in drei Unterrichtsschritten durchgeführt werden soll.

Erster Unterrichtsschritt:
Intention: Die Sch setzen sich auseinander mit der Weltanschauung, den Lebensformen und Sitten einzelner fremdländischer Kulturen. Dabei kommen sie auch ihren eigenen Vorurteilen auf die Spur.

Ziele: Die Sch erkennen und benennen die unterschiedlichen Probleme, die durch Vorurteile, aber auch durch die fremde Lebensweise z.B. türkischer Patienten in der Krankenpflege entstehen können. Sie lernen es, ausländische Patienten als gleichwertige Gesprächspartner zu akzeptieren. (Für diesen Lernprozeß ist die „Informationssammlung" im Rahmen der Pflegeplanung eine gute Hilfe, weil hier die individuellen Probleme und Ressourcen eines Patienten systematisch erfaßt werden können.)

Methode: Rollenspiel
Aufnahmegespräch zwischen einer deutschen Krankenschwester, einem türkischen Jugendlichen (Patient) und dessen Vater. Beide können sich in deutscher Sprache mit der Krankenschwester verständigen, wenn auch mühsam. Der Patient kommt zur Herniotomie (Leistenbruchoperation).
Die aufnehmende Schwester bespricht mit Vater und Sohn z. B.:
- den Tagesablauf auf der Station,
- die Vorbereitungen für die Operation. etc.

Während des Gespräches erfaßt sie durch Beobachtung und Fragen mögliche Pflegeprobleme und Ressourcen des Patienten.

Themenintegration[1]: Das Thema sollte im Fach „Krankenpflege" und hier in Verbindung mit der Einführung der „Pflegeplanung und -dokumentation" ca. Ende des 1. Semesters unterrichtet werden.

Dozenten: US und ggf. eine türkische Krankenschwester

Zweiter Unterrichtsschritt:
Intention: Die Sch erarbeiten unter Anleitung der US einen Fortbildungsnachmittag für examinierte Mitarbeiter/innen des Krankenhauses.
Thema: Mögliche Pflegeziele bezogen auf einen türkischen jugendlichen Patienten nach Herniotomie.

Ziele: Die Sch formulieren Pflegeziele unter Berücksichtigung der gelernten ethischen Grundregeln für die Krankenpflege. Sie erkennen und benennen die Wichtigkeit zielgerichteter individueller und ganzheitlicher Pflege.

[1] Unter „Themenintegration" ist hier zu verstehen: Die Themen dieser UEen werden stets in einen größeren Sachzusammenhang gestellt und unterrichtet. Nur so können die intendierten Ziele erreicht werden.

Sie formulieren für den türkischen Patienten Pflegeziele, die sich auf dessen physischen, psychischen, sozialen und spirituellen Bereich beziehen.
Sie erfassen und formulieren die Wichtigkeit einer ständigen Fortbildung und können unter Anleitung der US einen Fortbildungsnachmittag für examinierte Mitarbeiter/innen in ihrem Krankenhaus vorbereiten und durchführen.

Methode: Selbsterarbeitender Unterricht (US berät)

Themenintegration: Das Thema sollte im Fach „Krankenpflege“ unterrichtet werden, wenn die Sch schon über gründliche Kenntnisse in Pflegeplanung und -dokumentation verfügen. (ca. im 4. Semester)

Dozenten: US und Sch

Dritter Unterrichtsschritt:
Intention: Die Sch erkennen die Wichtigkeit der Öffentlichkeitsarbeit für die Krankenpflege.

Ziele: Die Sch erfassen das Erleben türkischer Patienten im Krankenhaus und werten es aus. Sie erarbeiten das Bild, das türkische Patienten von der deutschen Krankenschwester, dem -pfleger haben. Sie stellen dieses Bild dem gegenüber, das sie selbst von der deutschen Krankenschwester, dem -pfleger haben. Sie überprüfen die Erkenntnisse, die sie aus dieser Gegenüberstellung gewonnen haben und ziehen daraus Konsequenzen für das eigene Pflegeverhalten.

Methode: Interviews mit türkischen Patienten (ggf. mit Hilfe eines Dolmetschers) mit vorbereiteten Fragen.
Auswertung der Ergebnisse mit dem Ziel, einen Artikel für die Fachpresse zu schreiben.

Themenintegration: Das Thema sollte im Fach „Berufskunde“ ca. im 5./6. Semester erarbeitet werden.

Dozenten: US – Sch – ggf. Dolmetscher

Lesehinweise zur zweiten Unterrichtseinheit

Collatz, Jürgen/Kürsat-Ahlers, Elcin/Korporal, Johannes (Hg.): Gesundheit für alle – Die medizinische Versorgung türkischer Familien in der Bundesrepublik Deutschland. Rissen – Hamburg 1985

ICN – Weltbund der Krankenschwestern und Krankenpfleger: Ethische Grundregeln für die Krankenpflege 1973

Henderson, Virginia: Grundregeln der Krankenpflege – Weltbund der Krankenschwestern u. Krankenpfleger ICN/Genf 3. Ausgabe 1977

Fiechter, Verena/Meier, Martha: Pflegeplanung. Basel, Schweiz 1981

4. Pflege in Gesundheit und Krankheit

4.1 Einführung in die dritte UE

Begründung der Themenwahl und Zielvorstellungen

In den folgenden Unterrichtseinheiten werden Auswahlthemen aus dem von den LL in der zweiten UE zusammengestellten Themenkatalog behandelt. Es sind vorrangig solche Unterrichtsinhalte, die entweder von den LL gewünscht wurden oder die sie für ihre spätere Unterrichtstätigkeit durchdenken und unterrichtlich ausprobieren wollen.

In der dritten UE geht es um „Pflege“ im weitesten Sinne des Wortes, denn Pflege ist das zentrale Thema schlechthin für Krankenschwestern und Krankenpflegeschülerinnen.

Jede Krankenschwester weiß, daß sie in ihrem Beruf pflegerisch tätig sein muß, darüber hinaus muß sie aber auch wissen und erklären können, was Pflege bedeutet, was sie bewirken kann und in welchen Lebenssituationen sie notwendig ist.

Und was für die Krankenschwester in der Pflegepraxis gilt, das gilt insbesondere auch für die Unterrichtsschwester und leitende Schwester. Sie sind für die Pflegequalität in ihrem Krankenhaus verantwortlich, die eine im Bereich der Ausbildung, die andere im Bereich der praktisch geübten Krankenpflege und in der Fortbildung.

Das Thema „Pflege“ ist einerseits ein „hand-werkliches“, ein Thema der Praxis, ein Thema, das Tun und Handeln zum Inhalt hat. Eine Krankenschwester, die die notwendigen Pflegetätigkeiten sicher beherrscht, beherrscht einen wesentlichen Teil ihres Berufes – sie hat „ihr Handwerk“ gelernt.

Pflege aber ist mehr als ein Handwerk, sie ist auch eine Kunst. Und wie bei jeder Kunst, so sind auch bei der Pflege Inspiration, Einfühlung, Verständnis, Zuwendung, Fingerspitzengefühl, Erfahrung Voraussetzung dafür, daß die einzelnen Pflegetätigkeiten bei dem wirksam werden können, dem sie gelten. Daher ist das Thema „Pflege“ gleicherweise ein praktisches und ein ethisches, weil es neben den „Handfertigkeiten“ auch Erkenntnisse, Einsichten und Haltungen lehrt – und eben die können aus dem „Handwerk“ Pflege ein Kunstwerk machen.

Um diese Erkenntnisse, Einsichten und Haltungen soll es in der dritten UE vorrangig gehen.

Die LL erarbeiten gemeinsam, was „Pflege“ nach heutigem Verständnis bedeutet, aus welchen Motiven und mit welchen Zielen gepflegt wird, und was Pflege in Gesundheit und Krankheit für eine Sprache sprechen kann.

Sie machen sich ferner Gedanken darüber, was es für sie selbst heißt, gesund oder krank zu sein und in welcher Weise dies die Art ihres Pflegens beeinflußt.

Abschließend überprüfen sie, ob das gemeinsam erarbeitete Thema sich für ihre spätere Unterrichtstätigkeit eignet.

Christliche Fragestellung

Am Beispiel des Gleichnisses „vom Barmherzigen Samariter“ vergleichen die LL das Verständnis von Pflege im Neuen Testament mit dem heutigen Verständnis. Als „Frucht“ dieses Vergleiches gestalten sie eine Andacht zum Beginn des Schultages (s. letzte UE, in der die LL ins Andachthalten eingeführt werden).

4.2 Elemente und Ziele der Pflege

Ziel

- Gedankliche Auseinandersetzung mit der Thematik
- Überlegungen zu einem Unterrichtsentwurf
- Gestalten einer Andacht zum Tagesbeginn

Als Einstieg in die UE hat die US an die **Tafel** geschrieben: „Pflege, was ist das eigentlich?“

Dann gibt sie das Ziel (Kurzreferat) bekannt, das mit dieser UE erreicht werden soll.

Sie hat eine **Topfpflanze** auf das Lehrerpult gestellt.

Unter die erste Tafelanschrift schreibt sie:

Zur Pflege einer Topfpflanze sind notwendig:

a) Einstellungen Empfindungen	b) Fähigkeiten Fertigkeiten

Sie bittet die LL, in Stichworten an die **Tafel** zu schreiben, was ihnen zu a und b einfällt, und ihre Beiträge gleich zu kommentieren.

In etwa erwartetes Tafelbild:

Zur Pflege einer Topfplanze sind notwendig:

a) Einstellungen Empfindungen	b) Fähigkeiten Fertigkeiten
– Zuneigung	– Beobachten
– Verantwortung	– Gießen/Düngen
– Engagement	– Erde auflockern
– Pflichtbewußtsein	– Beschneiden
– Treue	– Abgestorbenes beseitigen
– Freude/Trauer	– Umtopfen
– Geduld	– vor Umwelteinflüssen
– Sorge etc.	– schützen etc.

Kommentar

Nach Fertigstellung des Tafelbildes erkennen die LL schnell die „Verwandtschaft" von Blumenpflege und Krankenpflege.

Die US faßt das Arbeitsergebnis zusammen:

„Blumenpflege lebt – wie jede andere Pflege auch – von der Beziehung (hier zwischen Mensch und Pflanze). Erst durch die Beziehung zwischen Pflegendem und Pflegling entsteht aus einer bloßen Aneinanderreihung einzelner Handgriffe das, was wir unter Pflege verstehen.

Ursprünglich bedeutete „pflegen": für etwas – für jemanden – einstehen, sich für etwas – für jemanden – einsetzen. Erst in der Neuzeit wurde die Sinngebung verengt zu: sorgen für, betreuen, hegen."

Die US fragt die LL:
Was pflegen Sie alles Tag für Tag?
LL-Antworten:

- unseren Körper (und besonders seine schwachen Stellen!)
- unsere Kleidung
- unseren Umgangston
- unser Auto
- Freundschaften

– unseren Arbeitsplatz
– unsere Patienten etc.

US (Zusammenfassung): Pflege bezieht sich – wie Sie dargestellt haben, stets auf:

– Gesundes und Krankes
– Starkes und Schwaches
– Geliebtes und Ungeliebtes

Dies gilt für Blumen- und Krankenpflege, für die Pflege von Dingen und für die Pflege von Beziehungen.

Und je mehr wir etwas oder jemanden lieben, je besser werden wir es (ihn) pflegen.

US und LL erarbeiten gemeinsam die allgemeinen Ziele, die mit „Pflege" erreicht werden können. Das Arbeitsergebnis wird an die **Tafel** geschrieben.

Ziele des Pflegens

– Leid und Schmerzen lindern,
– Schäden verhüten,
– Zerbrochenes wiederherstellen,
– Wachstum fördern,
– Gesundheit erhalten. etc.

US (Überleitung): „Weil Pflege sowohl Gesundem als auch Krankem gilt, soll jetzt darüber nachgedacht werden, was Gesundsein und Kranksein bedeuten können."

Die LL werden gebeten, sich über folgende Frage Gedanken zu machen: Gesundsein – Kranksein, was bedeutet das für *mich*?

Sie erhalten folgenden Arbeitsauftrag:

– Jede beantwortet die Frage zunächst für sich selbst (Stillarbeit)
– Dann Einteilung in zwei Gruppen. Gruppe 1 erhält einen großen **Plakatbogen** (und Filzstifte) mit der Überschrift:

Ich bin gesund, wenn...

Gruppe 2 mit der Überschrift:

Ich bin krank, wenn...

Beide Gruppen schreiben ihre Einfälle auf das Plakat unter die Überschrift und befestigen dann ihre Plakate nebeneinander an der Wandtafel.

Die Gruppenmitglieder kommentieren ihre Eintragungen im Plenum

In etwa erwartete Ergebnisse:

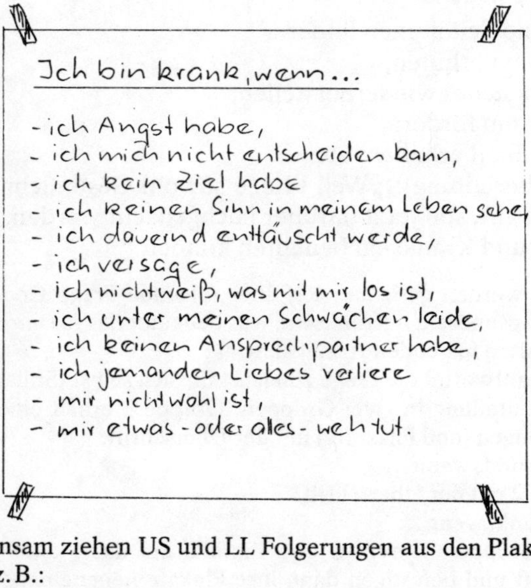

Gemeinsam ziehen US und LL Folgerungen aus den Plakat-Eintragungen, z.B.:

– daß Gesundheit und Kranksein sehr unterschiedlich, weil ganz individuell empfunden wird,
– daß Gesundsein und Kranksein stets den ganzen Menschen beeinflußt,

– daß dem Gesundsein und Kranksein ganz unterschiedliche Namen gegeben werden. etc.

Die US faßt das bisher Erarbeitete zusammen und verallgemeinert es:

„Der Mensch ist gesund, wenn
– er seinem Alter entsprechend biologisch funktionsfähig ist,
– er selbständig und aktiv sein Leben bewältigt oder wenn er ausgefallene Funktionen (physische, psychische, soziale) sinnvoll kompensieren kann,
– er mit seinen Gefühlen umgehen, seine Probleme bewältigen und Sinn in seinem Leben finden kann,
– er Beziehungen zu seinen Mitmenschen herstellen, halten und wenn er Konflikte ertragen und/oder lösen kann, kurz, wenn
– er sich veränderten Lebens- und Umweltbedingungen (überlegt) und sinnvoll anpassen kann.
Gesundheit ist im eigentlichen Sinne die Kraft, mit der Realität zu leben. (L. Juchli)

Der Mensch ist krank, wenn
– er sich nur noch unvollständig oder gar nicht mehr an veränderte Lebens- und Umweltbedingungen anpassen kann,
– schädigende Einflüsse so stark sind, daß er sie nicht mehr kompensieren kann.

Meist *fühlt* der Mensch sich krank, wenn ihm etwas fehlt, was er vorher besaß (siehe auch Ihr Plakat!), z. B.:
– Arbeitsfähigkeit und -freude
– Bewegungsfähigkeit
– Denkfähigkeit
– körperliche Unversehrtheit
– sich entspannen können
– Sicherheit etc.
Die Art, in der wir Menschen Gesundsein und Kranksein erleben, ist stark von unserem Befinden, von unserer Gestimmtheit und unserer Lernfähigkeit abhängig."

Die LL werden gebeten, Beispiele dafür zu finden, was Lernfähigkeit, Gestimmtheit und Befinden mit dem Gesundheits- und Krankheitserleben des Menschen zu tun haben.

Einige Beispiele

Menschen, die froh gestimmt sind (z.B. weil sie in Urlaub gehen) empfinden Unpäßlichkeiten nicht so schwer wie solche, die unlustig am Montagmorgen ihre Arbeit aufnehmen.

Menschen, die Schmerzen haben, fühlen sich besonders dann krank, wenn sie nicht wissen, woher die Schmerzen kommen.

Menschen, die sehr krank sind, sich aber im Kreis ihrer Lieben geborgen und angenommen fühlen, empfinden ihr Kranksein nicht so stark als Last wie diejenigen, die ungeborgen sind.

Menschen, die ihr Leben lang selbständig und selbstbewußt waren, werden in Zeiten des Krankseins auch sehr schnell lernen wollen, so selbständig wie möglich zu bleiben.

Menschen, die im körperlichen, seelischen oder sozialen Bereich an einer Behinderung leiden, werden sich in dem Maße krank fühlen wie sie diese Behinderung nicht kompensieren können.

Ich glaube, jeder Mensch strebt nach einem relativ harmonischen Zusammenspiel von Körper, Seele, Geist und Umwelt. etc.

Die US faßt die Beispiele der LL mit Hilfe einer **Tafel**zeichnung zusammen:

„Gesundsein und Kranksein können nicht getrennt voneinander betrachtet werden.

Sie gehören gleicherweise zur Gesamtbefindlichkeit des Menschen und stellen lediglich *Grade seines Wohlbefindens* dar.

Tafelbild:

Der Mensch bewegt sich
fortwährend zwischen

Gesundsein Wohlbefinden	⟵⟶	Kranksein beeinträchtigtes Wohlbefinden

Es ist Sache der Pflege – der Gesundheits- und der Krankenpflege – dem jeweils Betroffenen dazu zu verhelfen, daß er sich wohlfühlt, wohl-befindet und/oder daß er fähig wird, selbst für sein Wohlbefinden zu sorgen.

Auf dem Hintergrund dieses Pflegeverständnisses stellt sich die Frage nach dem heutigen Verständnis der Krankenpflege.

Ist sie nicht aufgerufen, auch die noch vorhandene Gesundheit des Kranken zu pflegen?"

Die LL werden gebeten, sich Gedanken zu machen über die Aufgaben der Krankenschwester in Gesundheits- und Krankenpflege. Diese Gedankenarbeit wird in Kleingruppen durchgeführt. Im Anschluß daran soll die Thematik in einem Rundgespräch diskutiert werden. Die Regeln des Rundgespräches werden zuvor besprochen. Die LL werden von der US auf die Schulbibliothek hingewiesen, um sich dort aus den einschlägigen Krankenpflegelehrbüchern Informationen und Anregungen zum Thema zu holen.

Kommentar

Da es sich bei den LL um praxiserfahrene und zu diesem Zeitpunkt der Weiterbildung auch lerngewohnte Krankenschwestern handelt, ist zu erwarten, daß sie diese selbständige Gedankenarbeit leisten und Wesentliches zu einem Thema beitragen können, in dem sie buchstäblich „zuhause" sind.

Während sich der Großteil der Lerngruppe an der Kleingruppenarbeit beteiligt, erarbeitet eine kleine Wahlgruppe die Elemente der Pflege am Beispiel „Vom Barmherzigen Samariter".

Das Arbeitsergebnis wird als Andacht zum Schulbeginn der kommenden Woche gestaltet.

In etwa erwartete Beiträge während des Rundgespräches zum Thema „Gesundheitspflege in der Krankenpflege".

- Gesundheitspflege haben alle Menschen nötig – Gesunde und Kranke –, ob sie diese nun an sich selbst durchführen können oder nicht.
- Jeder gesunde Mensch wird sich bemühen, gesund zu bleiben. Dafür wird er (bewußt oder unbewußt) auch einiges tun, z.B. sich waschen, an die frische Luft gehen, ausspannen, Sport treiben, mit Freude essen und trinken, Freundschaften pflegen, zum Zahnarzt gehen, ehe er Zahnschmerzen hat etc. Jeder Mensch ist ja darauf aus, daß er sich wohlfühlt.

- Der kranke Mensch und besonders der, der im Krankenhaus liegt, kann solche Gesundheitspflege nur eingeschränkt selbständig durchführen. Er ist auf Unterstützung durch uns angewiesen.
- Doch ist kein Patient – und sei er auch noch so krank oder behindert – in allen seinen Bereichen krank. Er hat immer auch gesunde Anteile (Ressourcen), die erhalten und gestärkt werden müssen.
- Darum heißt „Gesundheitspflege in der Krankenpflege": Erkennen der Ressourcen des Kranken, sie ihm bewußt machen, sie (soweit möglich mit seiner Hilfe) schützen und zur Entfaltung bringen, und zwar in allen Bereichen: im körperlichen, seelischen, sozialen und spirituellen. Damit der Kranke es wieder lernt, sich wohlzufühlen – auch in seiner Krankheit!

  Nicht erkannte und geförderte Ressourcen machen Patienten zu unleidlichen Kranken.
- Darum hat die Krankenschwester eigentlich einen schöpferischen (und nicht nur einen Hilfs- oder Handlanger-)Beruf, denn sie ist mitverantwortlich für das Gelingen der ärztlichen Therapie, aber allein verantwortlich für das Wohlbefinden (Gesundfühlen) des Kranken.
- Nach den ethischen Grundregeln für die Krankenpflege vom ICN hat die Krankenschwester vier grundlegende Aufgaben, die das vorher Gesagte bestätigen.

  Sie hat:
- Gesundheit zu fördern (Wohlbefinden in allen Bereichen)
- Krankheit zu verhüten
- Gesundheit wiederherzustellen
- Leiden zu lindern

  Sie kann den Kranken dabei unterstützen, sich an körperliche, seelisch-geistige und soziale Veränderungen anzupassen, die mit Krankheit und Alter zusammenhängen.
- Pflege muß daher vom Nur-Kranken gelöst und mit auf die Gesunderhaltung ausgerichtet werden. Eine Krankenpflege, die Gesundheitspflege nicht miteinschließt, ist bloße Krankheitspflege.
- Krankenpflege heute ist ganzheitlich orientiert. Sie setzt sich folgende Ziele:

- daß der Kranke gesund werden und der Genesende gesund bleiben kann,
- daß derjenige, der krank und behindert bleiben muß, zu einer Neuorientierung seines Lebens finden und so selbständig wie möglich bleiben kann,
- daß der Sterbende sein Leben in Würde beenden kann.

Weiterführende, ergänzende Themen zur dritten UE

1. Arbeit an Krankenpflegeprozeß, Pflegeplanung, Pflegedokumentation
2. Auseinandersetzung mit der Überprüfbarkeit der Pflegequalität
3. Spezielle Themen:
   - Pflege Behinderter
   - Pflege alter Menschen
   - Häusliche Krankenpflege
   - Pflege Sterbender

Lesehinweise zur dritten UE

Abermeth, Hilde-Dore Patientenzentrierte Krankenpflege. Göttingen, 2. Aufl. 1978
Fiechter, Verena/Meier, Martha Pflegeplanung. Basel/Schweiz 1981
Juchli, Liliane Krankenpflege. Stuttgart 4. Aufl. 1983
Dies., Sein und Handeln. Basel/Schweiz 1984
Kelber, Magda Fibel der Gesprächsführung. Darmstadt

4.3 Exkurs: Andacht zum Tagesbeginn

Worte aus Psalm 147

Halleluja! Lobt den Herren!
Er heilt, die zerbrochenen Herzens sind und verbindet ihre Wunden. Unser Herr ist groß und von großer Kraft, und wir begreifen nicht, wie er regiert.
Der Herr richtet die Elenden auf, aber die Gottlosen läßt er fallen.
Singt dem Herrn ein Danklied und lobt unseren Gott.
Der Herr hat Gefallen an denen, die ihn fürchten und auf seine Güte hoffen.

Lied: EKG 274 „Jesu, geh' voran…“ Strophen 1–4

Lesung: Aus Lukas 10,25–37

(Der erste Teil der Lesung wird in eigenen Worten wiedergegeben)

„Jesus im Kreis seiner Jünger. Sie sprechen vom Reich Gottes. Da steht einer der Gäste auf, ein Gelehrter der Heiligen Schriften. Er will wissen, ob Jesus wirklich so viel weiß, wie man sich auf den Straßen erzählt, und so fragt er: ‚Was muß ich tun, um das ewige Leben zu ererben?' Jesus läßt ihn die Antwort selber suchen, ein Schriftgelehrter kennt sich schließlich im Gesetz aus. ‚Was steht dort für eine Antwort auf deine Frage, was liest du da?'

Und der Gelehrte weiß es auch ganz genau: ‚Ich soll Gott lieben von ganzem Herzen, von ganzer Seele, von allen Kräften, von ganzem Gemüte – und meinen Nächsten wie mich selbst.' ‚Siehst du', sagt Jesus, ‚du weißt es doch. Tu das, so wirst du leben.'

Aber der Schriftgelehrte rechtfertigt seine Wißbegier mit einer neuen Frage: ‚Wer ist denn mein Nächster?'

Es ist eine Frage, die auch wir gelegentlich stellen, besonders dann, wenn es darum geht, daß wir ihn wie uns selbst lieben sollen. Da wollen wir schon wissen, ob es dieser Nächste denn wert sei.

So erzählt Jesus auch uns das Gleichnis vom Barmherzigen Samariter."

Lesung (Lutherbibel) Lukas 10,30–37

Betrachtung zur Lesung

Was uns als Krankenschwestern im Blick auf dieses Gleichnis besonders hellhörig macht, ist, daß es hier auch um Pflege geht. Daß hier von jemandem gesprochen wird, der von Berufs wegen unser Mit-Bruder sein könnte. Auf ihn, die Art seines Pflegens und auf den, der unter die Räuber fiel, wollen wir uns jetzt konzentrieren. Und auf die, die vorübergegangen sind, wollen wir nicht überheblich herabsehen. Einer von ihnen hätten wir auch sein können, wenn es auch kaum glaubhaft ist, daß Krankenschwestern so etwas tun – einen Verletzten sehen – und weggehen! Aber wir sind ja nicht nur Krankenschwestern. Wir sind auch Menschen mit furchtsamen Herzen, feige gelegentlich und gerne bereit, Unannehmlichkeiten auszuweichen. Da gehen wir schon einmal vorüber, wenn's niemand sieht.

Aber wir wollten ja auf unseren Mit-Bruder und seine Pflege schauen. Und da steht etwas im Text, was mir immer, wenn ich es lese, ans Herz greift und was – so glaube ich – der Auslöser für jedes echte pflegerische Handeln ist: Als er – der Samariter – ihn – den Hilflosen – sah, jammerte es ihn. Und das hat etwas mit dem Herzen zu tun, mit einer Saite, die zum Klingen kommt.

Das Sehen allein nützt noch nichts. Das Beobachten, das Wahrnehmen, das Registrieren – alles wichtige Fähigkeiten und Fertigkeiten in der Pflege! Aber gesehen haben die beiden Vorübergegangenen in unserer Geschichte den Zusammengeschlagenen ja auch.

Wir sehen in der Pflege auch vieles – und gehen vorüber –, weil es uns nicht jammert, nicht das Herz anrührt.

Das Sehen und daß es einen im Herzen jammert, das zusammen führt wohl erst dazu, daß plötzliche Termine nicht mehr wichtig sind, Umwege gemacht und Kosten und Mühe in Kauf genommen werden, um jemandem, der unter die Räuber fiel, Nächster zu sein.

Was tut er denn pflegerisch dieser unser Mit-Bruder? Handelt er fachlich richtig? Diese Frage ist hier und ist überhaupt in der Pflege des Nächsten unwichtig, denn hier geht es darum, herzlich richtig zu handeln. Und das stellt sich so dar: Er, der Samariter, sieht – es jammert ihn – er geht hin – er beugt sich herab – er handelt. Und das Handeln ist jetzt vom Herzen *und* vom pflegerischen Sachverstand gespeist: Öl und Wein zum Lindern der Schmerzen und Reinigen der Wunden, der Verband zur Blutstillung und Abdeckung. Und dann tritt der Mensch neben den Menschen.

Der Samariter nimmt den Gequälten für eine kurze Weile an sein Herz, hebt ihn auf sein Tier, geht Schritt für Schritt im Staube neben ihm her, führt ihn aus der Gefahr, gibt dem Unbehausten Herberge und hält neben ihm Nachtwache.

Pflegen heißt ja heute, für das Wohlbefinden des Kranken sorgen, wenn dieser es nicht alleine kann. Und genau das tut auch der Samariter; es steht im Text: Er pflegte ihn. So alt ist die Bibel schon und doch so modern!

Und als die Gefahr gebannt ist? Auch dieser Augenblick wirft ein helles Licht auf das, was unter Pflege zu verstehen ist: Da steht der Samariter leise auf, macht sich entbehrlich, bindet den Pflegling nicht an seine Person, läßt sich die Pflege nicht entgelten, sondern setzt einen anderen instand, da weiter zu machen, wo er aufgehört hat.

Er kam dahin und da er ihn sah, jammerte ihn sein, ging zu ihm, goß Öl und Wein in seine Wunden und verband sie ihm... Sehen – erkennen – angerührt werden – hingehen – handeln. Schritte der Pflege bis heute. Schritte des Menschen zum Nächsten, Schritte unseres Herrn zu uns – bis ans Ende der Welt.

Welch eine Verheißung liegt in der Aufforderung Jesu an alle, die sich der Pflege verschrieben haben: So gehe du hin und tue desgleichen. Amen.

Gebet: Danke, Herr, daß wir zur Pflege gerufen sind und uns für sie entschieden haben.
Lehre uns mit deinen Augen zu sehen, daß wir erkennen, wer unseren Beistand nötig hat.
Lehre uns, mit deinem Herzen zu lauschen, damit wir in der Geschäftigkeit unseres Alltags das leise Weinen unseres Nächsten nicht überhören.
Lehre uns, mit deinen Händen Wunden zu verbinden, die die Menschen sich gegenseitig schlagen.
Lehre uns, mit deinen geduldigen Füßen über die Straßen des Elends zu gehen, aufmerksam und bereit, denen aufzuhelfen, die nicht mehr weiter können.
Herr, du barmherziger Samariter, wir danken dir, daß du uns in deine Pflege genommen hast. Amen.

Kanon: Vom Aufgang der Sonne bis zu ihrem Niedergang sei gelobet der Name des Herrn, sei gelobet der Name des Herrn.

Lesehinweise

Die Bibel. Übersetzung von Martin Luther. Stuttgart 1984
Evangelisches Kirchengesangbuch

5. Lernsituationen auf der Krankenstation

5.1 Einführung in die vierte UE

Begründung der Themenwahl und Zielvorstellungen

Für die vierte UE wurden aus einer Reihe berufsethischer Themen drei besondere ausgewählt. Sie sind in Zusammenarbeit mit den Teilnehmerinnen am Weiterbildungslehrgang für leitende Schwestern und Unterrichtsschwestern entstanden und haben ihre Bewährungsprobe in der Unterrichtspraxis an Krankenpflegeschulen bereits bestanden. Gedacht sind sie hier als Anregung für Unterrichtsschwestern, die das Fach „Berufsethik“ in der Krankenpflegeausbildung vertreten. Es sind Themen, die in besonderer Weise zur Reflexion des Pflege- und Lernverhaltens, zur kritischen Prüfung von Ideal- und Realnormen in der Krankenpflege und zur Auseinandersetzung mit den Grenzen persönlicher Belastbarkeit anregen.

Die Themen sind so weit gefaßt, daß sie Raum lassen für die Erarbeitung und Gestaltung ganz unterschiedlicher Situationen aus der Pflege- und Unterrichtspraxis.

Je nach Zeit und Möglichkeit lassen sie sich methodisch sehr abwechslungsreich gestalten und – je nach Kenntnisstand und beruflicher Erfahrung der Lerngruppen – auch in Beziehung setzen zu weiteren Unterrichtsfächern, wie z.B. Psychologie, Soziologie, Anthropologie.

Christliche Fragestellung

Welche Lernhilfen gibt das Evangelium z.B. für den Umgang mit Leuten, die einem auf die Nerven gehen oder/und dafür, daß Menschen sich gegenseitig achten können?

5.2 Krankheits- und Krankenhauserleben des Patienten

Ziel

- Erkennen und begreifen, daß jedes Erlebnis gewissermaßen ein Nährboden ist für menschliches Lernen, eine Lebenschance also, und daß es von der Kultivierung dieses Bodens abhängt, ob das Wachstum kräftig oder kümmerlich ausfällt.
- Erkennen und begreifen, daß Krankheits- und Krankenhauserleben des Patienten nutzbar gemacht werden können für sinnvolles und not-wendiges Lernen (Verhaltensänderung).

Die US gibt einen Überblick (Kurzreferat) über das Unterrichtsthema, den geplanten Verlauf und das Ziel der ersten Doppelstunde. Dann berichtet sie den LL folgende kleine Begebenheit:

„Ich traf kürzlich Schwester Inge K., die vor gut einem Vierteljahr einen Autounfall hatte und den Weiterbildungslehrgang abbrechen mußte. Sie lag lange Zeit mit einer Wirbelverletzung im Krankenhaus.

Wir sprachen auch über ihr Wohlergehen, und sie sagte strahlend, daß es ihr wieder gut gehe und daß sie den nächsten Weiterbildungslehrgang besuchen könne. Etwas von unserem Gespräch ist mir nachhaltig im Gedächtnis geblieben. Schwester Inge berichtete darüber, wie sie das erste Mal nach langer Liegezeit im Rollstuhl ans Waschbecken gefahren wurde. ‚Als ich da mit meinen eigenen Händen den Wasserhahn aufdrehen und das Wasser über meine Finger laufen lassen konnte, da liefen mir vor Freude die Tränen herunter, weil ich wußte: Es geht wieder bergauf. Das war ein unheimlich starkes Erlebnis für mich.‘

Auf meinem Heimweg hat mich ihre Erzählung noch sehr beschäftigt, und es kam mir in den Sinn, daß das Erleben sehr wichtig für einen Menschen sein kann und daß diese Erkenntnis nutzbar gemacht werden sollte besonders für das Miteinander von Kranken und Gesunden im Krankenhaus.

Und aus diesem Grunde möchte ich jetzt mit Ihnen gemeinsam darüber nachdenken, was es mit dem menschlichen Erleben auf sich hat.“

Die US bittet die LL, sich in Partnerarbeit über die nachfolgende Frage Gedanken zu machen: – Was verstehe ich unter Erleben?

Die Gedanken der LL sollen im Anschluß an die Partnerarbeit im Gespräch miteinander ausgetauscht und (für den weiteren Unterricht) stichwortartig auf **OHP-Folien** geschrieben werden.

Mögliche Gesprächsbeiträge:
- Erleben ist immer etwas Individuelles, ganz Persönliches. Niemand erlebt das Gleiche auf dieselbe Weise wie ein anderer.
- Wer „erlebt", nimmt mit offenen Sinnen bewußt wahr und verarbeitet das Wahrgenommene denkend und fühlend.
- Wer er-lebt, spürt, daß er lebt.
- Alles Erlebte (jedes Erlebnis) beeinflußt, verändert, gestaltet Leben, ist ein Mosaiksteinchen des jeweiligen Lebensbildes, ist Impuls, Verhalten zu überprüfen und Neues hinzuzulernen.
- Er-leben heißt auch: (Mit) mir geschieht etwas:
    - von außen
    - von innen
- Er-leben ist immer etwas Aktuelles, an die Gegenwart Gebundenes, es ist z. B. auch
    - er-leiden
    - er-dulden
    - er-kennen
    - er-eignen etc.
- Erleben wird faßbar (für mich selbst und andere), wenn ich es nicht nur empfinde, sondern auch in Worte kleide.

Im Anschluß an das Gespräch legt eine der LL die Stichwort-**OHP-Folien** auf den Projektor.

Aus den dort zusammengetragenen Beiträgen werden Folgerungen für das Krankheits- und Krankenhauserleben des Patienten gezogen und davon pflegerische Konsequenzen abgeleitet.

Mögliche Folgerungen:
- Jeder Mensch (Patient) erlebt in der ihm eigenen Weise und nicht vergleichbar mit einem anderen seine Krankheit und entsprechend auch seinen Krankenhausaufenthalt.
- Die Art seines Erlebens beeinflußt das Erleben der Pflegenden.
- Das „Erlebnis Krankheit und Krankenhaus" beeinflußt, ver-

ändert Leben, gestaltet es neu (anders), gibt Denkanstöße, Lernimpulse zur Neuorientierung.
- Das „Erlebnis Krankheit und Krankenhaus“ kann aber auch so stark sein, daß es sprachlos – leidend – macht, etc.

Mögliche pflegerische Konsequenzen:
- Die Pflegenden erkennen und akzeptieren die unterschiedliche Art der Patienten zu erleben und wissen, wodurch dies verursacht wird. (Unterschiedliche Lerngeschichte, Herkunft, Bildung etc.)
- Die Pflegenden wissen um ihre eigene Beeinflußbarkeit durch Patientenreaktionen. Sie akzeptieren, daß es so ist, kontrollieren aber ihr Verhalten dem Patienten gegenüber.
- Die Pflegenden erkennen den Lernwert des Patienten-Erlebens als Ressource in der Pflege an, z.B. als Impuls zur Mitarbeit des Kranken in Gesundheitserziehung, Pflege, Rehabilitation.
- Die Pflegenden unterstützen den Kranken dabei, seinem Erleben Ausdruck zu verleihen etc.

Nach den relativ theoretischen Vorüberlegungen zum Thema „Erleben“ allgemein und „Krankheits-/Krankenhauserleben“ speziell wird das bisher Erarbeitete konkretisiert.

Den LL wird von der US folgende Aufgabe gestellt:

Es sollen drei unterschiedliche Aufnahmesituationen im Krankenhaus und im Rollenspiel dargestellt werden.

Personen: 3 Patienten – Frau, Mann, Jugendliche(r)
- unterschiedliches Alter
- unterschiedliche Herkunft
- gleiche Einweisungsdiagnose
- gleiches Krankenhaus

3 Pflegende, die jeweils einen Patienten aufnehmen

Die LL teilen sich in drei Gruppen. Jede Gruppe bereitet ein Rollenspiel (Aufnahmesituation) vor. Die Gruppen arbeiten in getrennten Räumen.

Nach der Vorbereitungszeit werden die Rollenspiele im Plenum dargeboten und ausgewertet.

Die Auswertung erfolgt unter der Fragestellung:
- Wie erleben die drei Patienten ihre Krankheit und den Krankenhausaufenthalt?

– Was empfinden sie – Wie reagieren sie – Was müssen sie lernen?
– Wie kann die Krankenschwester ihnen beim Lernen helfen?
– Wie erlebt sie selbst die Reaktionen „ihres“ Patienten?

(Falls eine **Video-Anlage** zur Verfügung steht, sollten die Rollenspiele aufgenommen und während der Auswertungsphase auf dem Bildschirm wiedergegeben werden.)

Die US weist die LL darauf hin, bei der Auswertung nur das beobachtete Verhalten von „Patient“ und „Aufnahmeschwester“ zu beschreiben und die möglichen Ursachen des Verhaltens zu diskutieren, aber keine Beurteilung der „Rollenspieler“ selbst vorzunehmen.

Kommentar

Es geht in erster Linie darum, daß die LL sich mit der unterschiedlichen Erlebnisfähigkeit der Patienten und den notwendigen Pflegekonsequenzen auseinandersetzen.

Kritik an der guten oder weniger guten Darstellungsweise der Rollenspieler lenkt erfahrungsgemäß vom Eigentlichen ab.

Mögliche Auswertung der Rollenspiele: (exemplarisch dargestellt)

Vor der Darstellung schreiben die Gruppen die wichtigsten Daten „ihres“ Patienten an die **Tafel**.

Erste Gruppe

Herr Max H. – 45 J. – Fließbandarbeiter in der Autoindustrie.

Verheiratet. Ehefrau kränkelt seit einer Magenresektion (Billroth II). Sie fühlt sich mit Haushalt und Kindererziehung überfordert.

Zwei schulpflichtige Kinder (15 und 13 J.). Kleines Eigenheim mit Garten am Großstadtrand.

Einweisungsdiagnose: Radiusfraktur re. und Prellungen am Brustkorb nach Straßenunfall. (Vom Auto angefahren beim Überqueren der Straße.)

Zweite Gruppe

Frau Klara W. – 81 J. – Ww. – Rentnerin –

Früher: Hebamme frei praktizierend

Keine Angehörigen. Lebt und versorgt sich allein. Eigenes

Haus (Ländliche Gegend). Tatkräftige, hilfsbereite Untermieterin.

Einweisungsdiagnose: s. o.

Dritte Gruppe

Eleonore S. – 16 J. – Schülerin am Gymnasium – Einzelkind.
Sehr besorgte Eltern.
Mutter: Sekretärin halbtags
Vater: Verwaltungsangestellter, Abteilungsleiter
Eigenes Zimmer in der Eigentumswohnung der Eltern.
Nachsichtige, verwöhnende Erziehung
Einweisungsdiagnose: s. o.

Mögliches Verhalten der Patienten als Ausdruck ihres Erlebens, am Beispiel Herr Max H.:

Sein Empfinden (in direkter Rede wiedergegeben), z. B.:

- o, diese Schmerzen!
- und ich kann mir doch kein Feiern leisten,
- was die hier wohl mit mir vorhaben?!
- Puh, typischer Krankenhausmief.
- Warum kommt denn nicht endlich jemand? Ich muß doch nach Hause!
- o Gott, bloß nicht auf den Tisch! usw.

Sein Reagieren z. B.:

- Herr H. hält seinen Arm in Schonstellung, er stöhnt und schimpft vor sich hin.
- Die Schwester brummt er an: Na endlich, was dauert das hier bloß alles!
- Als er hört, daß er in die Röntgen-Abt. gefahren werden soll, wird er blaß und sagt erregt: Auf keinen Fall operieren! Meine Frau hat sich bis heute nicht davon erholt usw.

Was Herr H. lernen muß, z. B.:

- Einsicht in die Notwendigkeit von Pflege und Behandlung,
- Einsicht in den veränderten Tagesrhythmus,
- Inkaufnahme von Unannehmlichkeiten wie Schmerzen, Wartenmüssen, nicht gleich wissen, wie es weitergeht, Unruhe etc.
- Sich mit seiner linken Hand behelfen,

- Zusammenarbeit mit Arzt und Pflegepersonal,
- Familiäre und häusliche Probleme vom Krankenhaus aus regeln usw.

Wie die Krankenschwester Herrn H. beim Lernen helfen kann, z. B.:
- durch freundlich-bestimmte Zuwendung,
- durch verständliche sach- und personenbezogene Information und Instruktion,
- durch Ermitteln seiner Probleme, aber auch seiner positiven Kräfte,
- durch Ermuntern zur Mitarbeit,
- durch Unterstützung bei der Lösung seiner häuslichen und familiären Schwierigkeiten,
- durch Wecken seines Verantwortungsbewußtseins,
- durch Humor und dadurch, daß sie sein Brummen und Schimpfen nicht persönlich nimmt usw.

Wie die Krankenschwester die Reaktionen des Patienten (gefühlsmäßig) erlebt, z. B.:
- spontan ist sie ärgerlich über die Ungeduld und das Schimpfen Herrn H.s. Sie ist sicher, daß alles für ihn getan wird,
- seine familiären Probleme sind ihr unangenehm. Es macht sie unsicher, weil sie nicht weiß, wie sie helfen kann.
- Sie meint, daß ein so kräftig gebauter Mann, der noch so viel Glück beim Straßenunfall hatte, seine Situation nicht so dramatisieren dürfe. usw.

Während des Auswertungsgespräches wird den LL deutlich, wie stark das Erleben eines Menschen von seinem Empfinden abhängt und daß er mit den Reaktionen auf sein Empfinden das Empfinden seines Gegenübers und damit auch dessen Reaktionen beeinflußt.

Sie begreifen, wie wichtig es ist, daß besonders die Krankenschwester, die dem Patienten beim notwendigen Erlernen neuer, oft nicht einsehbarer Verhaltensweisen helfen muß, ihr eigenes „Erleben" (Empfinden/Reagieren) kontrollieren sollte.

Die US faßt das bisher Erarbeitete kurz zusammen und leitet zum nächsten Schwerpunkt „Voraussetzungen für das Rollenlernen" über.

„Wir haben erarbeitet, daß jeder Mensch *seine* Krankheit und *seinen* Krankenhausaufenthalt ganz individuell erlebt und daß die Art seines Erlebens ausschlaggebend dafür ist, ob er neue Verhaltensweisen einüben und seine neue Rolle (die des Patienten) übernehmen will und kann."

Zum einheitlichen Verständnis definiert die US den Begriff „Soziale Rolle" nach dem Herder-Lexikon der Psychologie. Sie wird hier beschrieben als:

„Stellung des Einzelnen im sozialen Zusammenleben, die ein bestimmtes Verhalten (Aktionen/Reaktionen) bedingt und die andererseits bestimmte Erwartungen bei den sozialen Partnern auslöst."

Frage an die LL: Welches Verhalten erwarten Sie als Krankenschwester grundsätzlich von Ihren Patienten?

Die Ergebnisse der Partner- oder Einzelarbeit werden von den LL in der Ich-Form formuliert und stichwortartig an die **Tafel** geschrieben, z. B.:

- Ich erwarte, daß der Patient mitdenkt und -arbeitet,
- daß er warten kann,
- daß er vernünftige Fragen stellt,
- daß er sich nicht hängenläßt,
- daß er meine Arbeit anerkennt usw.

Fragen der US: Wie teilen Sie Ihren Patienten ihre Erwartungen mit? Welche Erwartungen stellt er an die Krankenschwestern? Wie teilt er sie mit? Wie kommt es auf beiden Seiten zu diesen Erwartungen?

Die Fragen werden von der US als Denk- und Gesprächsimpulse in die LL-Gruppe gegeben und diskutiert.

Mögliches Diskussionsergebnis: Um eine neue Rolle im Leben übernehmen und spielen zu können, muß der potentielle Rolleninhaber wissen, was von ihm erwartet wird und was er lernen muß.

Je besser er dies weiß und je besser die Unterstützung ist, die er beim „Rollenstudium" erhält, um so schneller kann er sein Verhalten den jeweiligen Erwartungen anpassen und um so schneller wird er seine Rolle „beherrschen". Dies gilt auch für die Übernahme der Patientenrolle.

Zur Befestigung der in der Diskussion gewonnenen Erkenntnisse stellen die LL folgenden von der US angeregten Vergleich an:

1. Rollenlernen für das Theaterspiel
   - Notwendige und wünschenswerte Voraussetzungen des Lernenden
   - Äußere Gegebenheiten (die der Lernende vorfindet und mit denen er sich auseinandersetzen muß)

2. Rollenlernen für das Patientensein im Krankenhaus
   - Notwendige und wünschenswerte Voraussetzungen des Lernenden
   - Äußere Gegebenheiten (die der Lernende vorfindet und mit denen er sich auseinandersetzen muß)

An der linken Tafelseite steht zunächst nur der erste Abschnitt vom Rollenlernen für das Theaterspiel.

Im gelenkten Unterrichtsgespräch tragen die LL zusammen, was ihnen zum Rollenlernen fürs Theaterspiel zu den vorgegebenen Schwerpunkten einfällt.

Die Beiträge werden stichwortartig an die **Tafel** geschrieben.

Kommentar

Da die Begriffe ‚Rolle' und ‚Rollenlernen' der Welt des Theaters entnommen sind, ist der Vergleich naheliegend. Die Parallelen zwischen Theater und dem Leben des Menschen sind sehr interessant. Sie wurden u. a. schon von Shakespeare gezogen. Die US kann mit den LL diesen Vergleich anstellen, weil die meisten von ihnen schon in Theater-(Laien-)spielen mitgewirkt haben.

In etwa erwartetes Tafelbild:

Rollenlernen für's Theaterspiel

Notwendige und wünschenswerte Voraussetzungen des Lernenden, z. B.:

- Motivation zur Übernahme der Rolle,
- Identifikationsfähigkeit,
- Fleiß und Ausdauer,
- Frustrationstoleranz,
- Durchhaltevermögen,

– Auffassungs- und Einfühlungsvermögen,
– Gutes Gedächtnis,
– Fähigkeit zur Selbstkritik,
– Fähigkeit, Fremdkritik zu ertragen und konstruktiv zu verarbeiten,
– Kommunikations- und Kooperationsfähigkeit,
– Ausdrucksfähigkeit,
– Fähigkeit, die zur Verfügung stehende Zeit zum Lernen auszunutzen etc.

Äußere Gegebenheiten, z. B.:
– der Regisseur,
– das Drehbuch,
– die Kulissen, Kostüme, Bühne,
– die Mitspieler,
– der Souffleur,
– die Kritiker,
– das Publikum,
– Erfolg oder Mißerfolg,
– Lampenfieber etc.

Nach Fertigstellung der ersten Hälfte des Tafelbildes schreibt die US die Überschriften des zweiten Abschnittes an die Tafel ‚Rollenlernen für das Patientsein im Krankenhaus'.

Die LL überlegen im Gespräch miteinander, welche Parallelen sich zwischen dem Rollenlernen des Theaterspielers und dem des Patienten ziehen lassen.

So vergleichen sie zunächst die Voraussetzungen und prüfen, in welcher Weise z. B. – Motivation – Frustrationstoleranz – Ausdrucksfähigkeit – Auffassungs- und Einfühlungsvermögen – Kommunikations- und Kooperationsfähigkeit etc. das Lernen der Patientenrolle erleichtern oder auch erschweren können.

In bezug auf den Zeitfaktor stellen die LL fest, daß dem Kranken sehr oft keine Zeit zum Lernen gelassen wird, weil Pflegende und Ärzte (bewußt oder unbewußt) erwarten, daß er seine „Rolle" von Anfang an kennt und perfekt „spielt".

Die LL kommen auch zu der Erkenntnis, daß die Gegebenheiten im Krankenhaus denen im Theater ähneln und daß statt z. B. Regisseur, Drehbuch, Kritiker, Mitspieler, Souffleur etc. nur krankenhausspezifische Begriffe gefunden und eingesetzt werden müssen.

Nachdem dies geschehen ist, prüfen sie, in welcher Weise z. B.
– der Arzt (Regisseur),

– die Mitspieler (Mitpatienten),
– die Souffleuse (Vertrauensschwester, die dem Patienten weiterhilft),
– Erfolg oder Mißerfolg (in Pflege und Behandlung),
– Angst/Furcht (Lampenfieber) etc.

hilfreich oder hemmend auf den Lernprozeß des Kranken einwirken.

Kommentar

Bei diesem Vergleich geht es vorrangig darum, daß die LL die Notwendigkeit des Rollenlernens (Anpassungsprozeß) erkennen und begreifen, daß nur der Kranke an seiner Genesung mitarbeiten kann, der zunächst akzeptiert hat, daß er krank ist.

Aber es geht auch darum, daß die LL sich selbst unter denen entdecken, die den Lernprozeß des Kranken fördern oder hemmen. Und schließlich geht es noch darum, den relativ abstrakten soziologischen Begriff „Rolle" anfaßbar zu machen.

Im folgenden Unterrichtsabschnitt wird exemplarisch im Rollenspiel demonstriert, wovon es abhängt, wie und ob eine Patientin ihre „Rolle" lernt.

Die LL sollen beobachten und beschreiben, in wie weit bestimmte Verhaltenserwartungen der Schwester an die Patienten und umgekehrt Lernen – speziell Rollenlernen – beeinflußt.

LL und US legen folgende Situation fest, die im Rollenspiel (Ein **Teller** mit **Kuchen**) von zwei LL dargestellt werden soll:

Patientin, Frau Helene H., 52 J., Raumpflegerin, 88 kg/1.56 m, Diät: 600 kal.

Frau H. wird von der Stationsschwester dabei überrascht, wie sie im Aufenthaltsraum der Station nach der Besuchszeit den Kuchen aufißt, den eine andere Patientin stehenließ.

Die Stationsschwester stellt Frau H. zur Rede.

Beobachtungs- und Auswertungspunkte für die LL-Gruppe:

– Welche Verhaltenserwartungen wurden im Verhalten deutlich und können beschrieben werden
  • *bei der Patientin*

(z. B.: Weinen = Appell an das Mitgefühl der Stationsschwester
Verharmlosen = Wunsch, den Vorwurf der Sta-

tionsschwester zum Schweigen zu bringen usw.)

- *bei der Stationsschwester*

(z. B.: Sprechen mit erhobener Stimme = Frau H. soll vor den möglichen Konsequenzen erschrecken. Frau H. soll die Autorität der Stationsschwester anerkennen.

Sich zu ihr setzen = Frau H. soll den Mut finden sich auszusprechen. Frau H. soll einsehen, daß und warum sie sich falsch verhalten hat usw.)

Das beobachtete Verhalten der beiden Rollenspieler wird beschrieben und stichwortartig an der Tafel festgehalten. Von den Verhaltensbeobachtungen werden die jeweiligen Verhaltenserwartungen abgeleitet und diskutiert.

Kommentar

Durch das Rollenspiel erfahren die LL, wie stark Verhaltenserwartungen unbewußt durch Mimik und Gestik und wie wenig sie bewußt und gezielt durch Worte ausgedrückt werden.

So können sich z. B. hinter Stirnrunzeln, Stimmstärke, Tränen, Seufzen, Lächeln etc. auch immer ganz bestimmte Erwartungen an das Verhalten des Partners verbergen.

Auch die Krankenschwester „bedient" sich unbewußt solcher nonverbalen Verhaltenserwartungen. Weil sie diese aber nicht in Worte kleidet, versteht der Patient sie häufig nicht und dies kann auf beiden Seiten zu Enttäuschungen führen.

5.3 Wenn Patienten „stören"

Ziel

- Nachdenken über Ursachen und Ausdrucksformen störenden Verhaltens,
- Erkennen, daß störendes Verhalten ggf. als Ressource im Pflegeprozeß genutzt werden kann.
- Überprüfen, wie Jesus im Neuen Testament auf störendes Verhalten eingeht.

– Herausarbeiten, welche Konsequenzen für den Umgang mit Patienten (Angehörigen, Mitarbeitern) daraus gezogen werden können.

Die US nennt (Kurzreferat) Thema und Ziel der folgenden Unterrichtsstunden.

Im Anschluß daran erhalten drei LL je einen Brief unterschiedlichen Inhaltes (M 4–6, siehe Seite 66 bis 68). Sie werden gebeten, den Brief zunächst für sich selbst, dann laut vorzulesen und spontan ihr Empfinden über den Inhalt zu äußern.

Gemeinsam mit den übrigen LL beschreiben sie ihre möglichen Reaktionen auf die Briefe.

In etwa erwartete Beiträge:

Empfinden z. B.:	Reagieren z. B.:
– kalte Wut, Schreck, Unbehagen, Panik, Verunsicherung, Sorge um den Arbeitsplatz, Anerkennung	– mit Schimpfen, Sprachlosigkeit, Konfrontation, ggf. Krankmeldung, Kündigung
– Lampenfieber	– mit intensiver Vorbereitung etc.

Die US schreibt (Zusammenfassung) folgende Gleichung an die **Tafel:**

Verunsicherung von Außen = Verunsicherung von Innen = Angst = Übersteigerte, unbesonnene, ggf. unangemessene Reaktionen

M 4

Allgemeines Krankenhaus Hochheim – Hamburg 13 –
– Die Pflegedienstleitung –

Notiz für Schwester 26. 06. 19..

Sehr geehrte Schwester,

Ihre Probezeit läuft am 30. 06. 19.. ab.

Ehe wir daran denken können, Sie fest einzustellen, möchten wir in einem gemeinsamen Gespräch mit Ihnen zunächst noch einige strittige Punkte klären.

Wir bitten daher, daß Sie am Montag, den 29. 06. 19.. um 9.30 Uhr in mein Büro Z. 11 kommen.

Gemeinsam mit Vertretern des Personalrates, mit unserem leitenden Chefarzt und mit mir möchten wir die Ihnen bekannten strittigen Punkte ansprechen und nach Möglichkeit zu einem annehmbaren Konsens kommen.

Mit freundlichem Gruß

gez. Else Lehmann
Pflegedienstleitung

M 5

Krankenpflegeschule am AK Hochheim
Stadenstraße 78
2000 Hamburg 13

Schwester
Auguste-Viktoria-Straße 75–78
1000 Berlin 33

Vorstellungsgespräch 26. 06. 19..

Sehr geehrte Schwester,

unser Kollegenkreis hat sich in der letzten Konferenz dazu entschlossen, Ihre Bewerbung vom 12. 06. ... positiv zu beantworten.

Sie können die ausgeschriebene Stelle als dritte Unterrichtsschwester an unserer Schule am 01. 08. 19.. übernehmen.

Wir bitten Sie, am Montag, den 15. 07. 19.. zu uns zu kommen, damit Sie den Kolleginnenkreis und die Schülergruppe kennenlernen.

In Ihrem Vorstellungsgespräch am 20. 06. ... haben wir Sie mit unserer Schule und den evtl. auf Sie zukommenden Pflichten kurz bekannt gemacht. Wir haben Ihnen mitgeteilt, daß Sie bei einer Einstellung zunächst eine Probe-Unterrichtsstunde in Ihrer zukünftigen Schülergruppe halten werden, an der meine Kollegin Frau Schmidt und ich teilnehmen wollen.

Am 15. 07. ... laden wir Sie um 9.30 Uhr zu dieser Probe-U-Stunde zum Thema „Prophylaktische Maßnahmen" ein.

Zu Ihrer Information fügen wir einige unterrichtliche Hinweise bei.

Wir freuen uns auf Ihre Mitarbeit.

Mit freundlichen Grüßen

gez. Felicitas Fröhlich
Leitende Schulschwester

M 6

Allgemeines Krankenhaus Hochheim – Hamburg 13
– Die Pflegedienstleitung –

Notiz für Schwester 26. 06. 19..

Liebe Schwester,

Sie wissen, daß Schwester Barbara Schulz plötzlich erkrankt ist und stationär behandelt werden muß.

Wir haben die große Bitte an Sie, die Station von Schwester Barbara so lange zu übernehmen, bis diese wieder gesund ist.

Wir haben Verständnis dafür, daß Ihnen die Übernahme dieser Station schwer fällt, weil Sie wenig Erfahrung auf dem Gebiet der Alterserkrankungen haben.

Sie werden dort aber ein gut eingearbeitetes Pflegeteam vorfinden, das Ihnen über die ersten Schwierigkeiten gern hinweghelfen wird.

Da Sie selber darüber geklagt haben, daß Sie sich momentan auf Ihrer Station nicht voll ausgefüllt fühlen und Schwester Grete – Ihre Zweitschwester – bereit ist, die Station vorübergehend zu führen, werden Sie uns sicher bereitwillig helfen.

Wir wünschen Ihnen eine schnelle, reibungslose Einarbeitungszeit und wachsende Freude an der Pflege alter Menschen.

Mit freundlichen Grüßen
Ihre

gez. Else Lehmann
Pflegedienstleitung

Die LL werden gebeten, Angst unter folgender Fragestellung zu beschreiben:

– Was geht in mir vor, wenn ich Angst habe? (Oder wenn die Angst mich hat)

Sie sollen ihre Antworten in der Ich-Form geben und sie an die **Tafel** schreiben oder zeichnen.

In etwa erwartete Antworten:

– Ich fühle mich verloren,
– mir ist eiskalt,
– ich bin wie gelähmt,
– ich sitze im Loch,
– mir tut alles weh,
– mir fehlt jede Kraft,
– alle meine Knochen sind weich,
– mir graut (alles grau in grau),
– ich fühle mich von allen(m) ausgeschlossen,
– ich kann nicht erklären, was mit mir los ist etc.

Mögliche Tafelzeichnungen:

Die LL ziehen gedankliche Konsequenzen aus ihren Tafelbeiträgen:

Das Gefühl der Angst wird ausgelöst durch Einengung und Bedrohung (äußerliche und innerliche)

Angst kann beides: In Bewegung setzen und lähmen

Jeder von uns kennt Angst und muß von klein auf lernen, mit ihr zu leben, muß lernen, auf ihre „Botschaft“ zu achten, auf das, was Angst in der jeweiligen Lebenssituation bedeuten kann.

Die Angst gibt es nicht. Sie hat so viele ganz individuelle Gesichter wie es Menschen gibt.

Normalerweise kann der Erwachsene seine Angst erklären, doch gibt es auch bei ihm die „namenlose“ Angst.

Die US faßt das Erarbeitete kurz an der **Tafel** zusammen:

Jeder gesunde, psychisch stabile Erwachsene ist weitgehend fähig, seiner Ängste Herr zu werden.

Tafelbild:

Er hat die Kraft, sich gleichsam ein „Dach“ über seine Ängste zu bauen, sie am Ausbruch zu hindern, d.h. er kann sie (sich und anderen) erklären (ihnen einen Namen geben) und sie kontrollieren.

Der psychisch instabile Erwachsene, z.B. durch Krankheit, Streß, Verlusterlebnis kann von seinen Ängsten regelrecht überschwemmt werden.

Tafelbild:

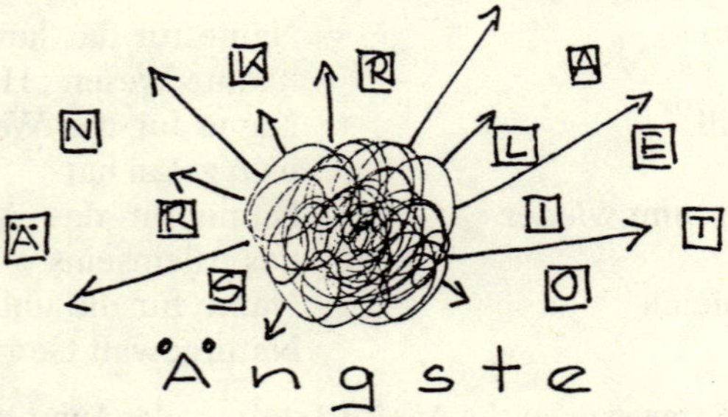

Er hat keine Kraft mehr zum „Dachbau“. Er kann seine Ängste nicht mehr erklären (weder sich noch anderen) und kontrollieren (ihnen keinen Namen geben). Er hat namenlose Angst.

„Ich weiß nicht, was mit mir los ist.“ „Ich kenne mich selbst nicht mehr“, etc.

Fazit:

Der Umgang mit Ängsten erfordert psychische Kraft. Der verunsicherte, geschwächte, bedrohte (gelegentlich auch urlaubsreife) Mensch büßt psychische Kraft ein. In diesem Zustand ist er verstärkt seinen Emotionen – und eben auch seinen Ängsten – ausgeliefert. Das „Dach“ des Erklärenkönnens stürzt ein und muß neu aufgebaut werden. Dazu braucht er Hilfe, z.B. durch Ausspannen, Urlaub, Pflege/Therapie, Zuwendung etc.

Unter der Fragestellung „Wie lernt es der Mensch, mit seiner Angst umzugehen?“ erhalten die LL die Aufgabe, das **Märchen „Rumpelstilzchen“** zu lesen.

Nach dem Lesen sollen sie miteinander überlegen und beschreiben, womit die Königin im Märchen das Männchen (ihre Angst) überwand.

In etwa erwartete Antwort:

Die Königin überwand in dem Augenblick ihre Angst, in dem sie dem Männchen den richtigen Namen geben konnte. Damit „zersprang“ es (ihre Angst).

Die US ergänzt:

Auch kleine Kinder lernen von früh auf, ihren Ängsten einen Namen zu geben, z.B.:

- Wau Wau = Name für das laute unbekannte Wesen „Hund“
- Ofen heiß = Name für das Wesen, das weh getan hat
- Mama kommt wieder = Name für das Aushalten des Alleinseins
- Engel spielen Kegel = Name für die unbekannte Naturgewalt Gewitter etc.

LL und US tragen mögliche Ausdrucksformen der Angst zusammen

1. Beim Kleinkind

(diese Beiträge werden zuerst gesammelt und in Stichworten an die **Tafel** geschrieben)
- schreien, weinen, weglaufen
- sich wehren: um sich schlagen, beißen, kratzen,
- sich verstecken,

2. Beim Erwachsenen:

Im Anschluß an die erste Sammelphase überlegen die LL, ob der Erwachsene, der Angst hat, nicht ähnliche Ausdrucksformen zeigt, wie das Kleinkind.
Sich auf ihr eigenes Angstverhalten besinnend, stellen sie fest, daß Erwachsene vor Angst z.B. auch

- verstummen, zittern,
- sich anklammern,
- schmeicheln (Strafangst),
- schon gelerntes Verhalten „vergessen“, wieder zum Baby werden (Existenzangst),
- sich nichts zutrauen, mutlos sein etc.

- schreien, weinen, weglaufen,
- verstummen, zittern, sich verstecken, z. B. durch Krankmeldung,
- einem „Mächtigen“ schmeicheln,
- unselbständig werden, sich nichts mehr zutrauen,
- sich an andere anklammern,

aber schlagen, beißen und kratzen sie auch? Im übertragenen Sinne schon, sie reagieren z. B. kratzbürstig, bissig, angriffig etc.

Die US faßt zusammen:

Menschen, die Angst haben, sich Sorgen machen, Befürchtungen hegen, entwickeln unbewußt eine sehr individuelle „Sprache“, um auszudrücken, was sie quält, besonders dann, wenn sie nicht fähig sind, ihre Angst in Worte zu kleiden. (Das blanke Entsetzen, die nackte Angst).

Diese individuelle Sprache wird von einem anderen Menschen häufig nicht verstanden, ja sogar als störend und von daher als korrekturbedürftig empfunden.

Dies aber wirkt sich besonders dann verhängnisvoll aus, wenn Menschen miteinander leben und arbeiten müssen, z. B. im Krankenhaus.

Patienten, deren Angehörige, aber auch die miteinander arbeitenden Pflegegruppen haben u. U. mehr als andere Zuneigung und Verständnis für ihre Ängste nötig. Verständnis aber ist nur auf dem Hintergrund des Verstehens möglich.

So müssen besonders Krankenschwestern, die es ja in ihrem Berufsalltag täglich mit den unterschiedlichsten „Angstsprachen“ zu tun haben, gründliche Kenntnisse und Fähigkeiten im „Dolmetschen“ erwerben.

Die US schreibt einige typische Angstreaktionen Erwachsener an die **Tafel**. Im Gespräch mit den LL wird überlegt, welches die möglichen „Auslöser“ für diese Reaktionen sind und welcher „Sprache“ sie sich bedienen.

Tafel: Typische Angstreaktionen, z.B.:

1. Verleugnung,
2. Aggressivität,
3. Traurige Verstimmung,
4. Regressivität,
5. Egozentrik.

In etwa erwartetes Gesprächsergebnis:

Zu Verleugnung
(Nicht-wahrhaben-wollen/können)

Auslöser: Wenn Menschen *plötzlich* mit etwas schwer zu Ertragendem oder Lebensbedrohendem konfrontiert werden, können sie unbewußt diesen psychischen Selbstschutz der Verleugnung aufbauen.
Er hilft ihnen, die bedrohliche Realität vorübergehend „wegzuschieben". Damit ist es ihnen eher möglich, Kräfte zu sammeln, um sich schrittweise auf die neue, angstmachende Situation einzustellen.
Solche bedrohlichen Realitäten sind z.B.:
- Auftreten einer lebensbedrohenden, lebensumstellenden, bösartigen Erkrankung (Herzinfarkt, Diabetes mellitus, Krebs etc.),
- Konfrontation mit Schmerz, Leid, Tod (Geburt eines behinderten Kindes, Sterben eines lieben Menschen, Untreue des Lebenspartners/Freundes etc.),
- Lebenskrisen (Altern, Abhängigwerden, Gebrechlichkeit etc.).

„Sprache" der Verleugnung,
des Nicht-wahrhaben-wollens/könnens:
- Der Betroffene empfindet kaum Leidensdruck.
- Die Krankheit oder die Einschränkungen werden bagatellisiert.
- Bedrohliche Krankheitszeichen werden in harmlose umgedeutet etc.

Zu Aggressivität
(Angriffiges, feindseliges Verhalten)

Auslöser:
- Beschwerden aller Art wie Schmerzen, Schlaflosigkeit, Einschränkungen etc. (Durch sie wird der Spannungsbogen des Betroffenen verkürzt, die Beherrschungsfähigkeit herabgesetzt),
- Angst, Unsicherheit, nicht wissen, was los ist,
- Enttäuschungen,
- Verletzung der Menschenwürde, Entmündigung etc.

„Sprache" der Aggressivität:
- Gereiztheit auch bei geringfügigen Einschränkungen,
- Wittern böser Absichten hinter allem, was geschieht,
- Schimpfen, Nörgeln, Zornausbrüche, Beschwerden,
- Körperliche Reaktionen bei „hereingefressenem" Zorn, z. B. Magenschmerzen, Schlaflosigkeit, Verdauungsbeschwerden etc.

Zu traurige Verstimmung
(als Gegenpol zum aggressiven Verhalten)

Auslöser: siehe unter Aggressivität

„Sprache" der traurigen Verstimmung:
- Verschlossenheit,
- bittere Traurigkeit ohne Tränen,
- Mutlosigkeit, Resignation,
- u. U. Suicidgefahr (Traurige Verstimmung dieser Art ist häufig ein Zustand ungeäußerter Auflehnung und ungeweinter Tränen) etc.

Zu Regressivität
(Zurückfallen auf primitivere, oft kindliche Verhaltensweisen)

Auslöser: – Belastungssituationen wie Bettlägerigkeit, Trauer, Angst etc.,
– Isolierung von der bisher vertrauten Umgebung, mangelnder Kontakt zur Außenwelt,
– autoritäres Reglement bei Abhängigkeit des Betroffenen etc.

„Sprache" der Regressivität:
– Der Betroffene läßt mit sich geschehen, was andere für richtig und notwendig halten,
– seine Entscheidungsfähigkeit schwindet,
– er wird unselbständig im Handeln und häufig auch im Denken,
– die eigenen Körperfunktionen werden ängstlich kontrolliert (Appetit, Schlaf, Verdauung, Grad der Traurigkeit etc.),
– er neigt dazu, sich zu vernachlässigen, sich gehen zu lassen,
– sein Interesse und seine Aktivität sind auf den Bettradius beschränkt, bei Trauernden auf die eigenen vier Wände etc.

Zu Egozentrizität

(Umweltdeutung vom eigenen Ich aus, Ich-Bezogenheit)

Auslöser: – Jede bedrohliche, jede Angstsituation,
– jede Situation des Gepflegt- und Betreutwerdens.

„Sprache" der Egozentrizität:
– Verstärktes, oft übersteigertes Bedürfnis des Betroffenen nach Zuwendung (Jeder Kranke, Bettlägerige, Trauernde empfindet seine Situation normalerweise als einmalig und beachtenswert),
– die Welt der Gesunden, Jungen, Glücklichen verliert an Interesse. Wichtig ist in erster Linie die eigene Befindlichkeit.
– Verhaltens- und Ausdrucksweisen der für den Patienten wichtigen Personen, z. B. Ärzte, Pflegende, Seelsorger werden zu der eigenen Person, dem

eigenen Befinden in Beziehung gebracht und entsprechend (unrealistisch) gedeutet. (So kann z. B. ein Patient das ernste Gesicht des Arztes bei der Visite auf sich beziehen und Angst bekommen, daß seine Krankheit sich verschlimmert hat etc.)

Die LL denken auf dem Hintergrund selbstgewählter Beispiele darüber nach, wie sie in ihrem Berufsalltag dem störenden Verhalten bei Patienten, Angehörigen, Mitarbeiterinnen etc. angemessen begegnen können. Sie machen sich Gedanken darüber, welche positiven Möglichkeiten (Ressourcen) dem jeweiligen Störverhalten innewohnen und wie diese im Pflegeprozeß genutzt werden könnten.

In Etwa erwartetes Ergebnis der LL-Überlegungen:

Ressourcen der *Verleugnung:*

Der Betroffene hat sich unbewußt eine Atempause verschafft, die es ihm ermöglicht, das bedrohliche Ereignis nicht in voller Stärke empfinden zu müssen.

Der Begleiter hat hier die Möglichkeit, den Betroffenen schrittweise zum Wahrhaben-Können seiner Situation zu führen, z. B. indem er ihm seine Situation verständlich macht, ihm aber gleichzeitig Hoffnung vermittelt.

Ressourcen der *Aggressivität:*

Der Betroffene hat bei aller Bedrängnis noch die Kraft, sich aufzulehnen und seine Not „aller Welt" (nicht unbedingt demjenigen, dem seine Wut gilt) mitzuteilen.

Dadurch verschafft er sich gewissermaßen Erleichterung und befreit sich von innerem Druck. Der Begleiter hat die Möglichkeit, dem Betroffenen zu angemessenen Ausdrucksweisen seines Zornes zu verhelfen, z. B. indem er gemeinsam mit ihm nach der eigentlichen Ursache sucht und ihm beisteht, sich dann auch an die richtige Adresse zu wenden.

Ressourcen der *traurigen Verstimmung:*

Der Betroffene hat keine Kraft (mehr) zur Auflehnung.

Hier liegen die Ressourcen weitgehend beim Begleiter, der mit einem Vorschuß an Zuwendung bereit sein und dem Betroffenen helfen muß, Schmerz, Wut oder Angst auszudrücken.

Ressourcen der *Regressivität:*

Der Betroffene ist (obwohl erwachsen und selbständig) bereit, sich pflegen und betreuen zu lassen und in gewissem Rahmen abhängig zu werden. (Während schwerer Krankheit und tiefer Trauer ist dies auch notwendig und eine Hilfe für den Betroffenen und seine Begleiter.)

Der Begleiter muß darauf achten, den Betroffenen nicht in der Regressivität festzuhalten und damit von sich abhängig zu machen, vielmehr sollte er dessen verbliebene Energien aktivieren und sein progressives Verhalten fördern, damit er wieder erwachsen und selbständig werden will.

Ressourcen der *Egozentrizität:*

Der Betroffene fühlt sich durchaus wohl, wenn er sich und seine Situation (vorübergehend) als einmalig empfinden kann. Sein gedrücktes Selbstwertgefühl erhält damit Aufschwung.

Der Begleiter muß prüfen und entscheiden, wann und wie er dem Betroffenen Halt gebieten muß, damit dieser Halt finden und über sein Verhalten nachdenken kann.

(Bei jeder Art der hier beschriebenen Störverhaltensformen ist es Aufgabe des Begleiters, dem „Störer“ zu helfen, zu sich selbst zurückzufinden.)

Anschließend übertragen die LL die theoretisch erarbeiteten Lerninhalte auf konkrete Beispiele aus der erlebten Pflegepraxis und stellen diese im Rollenspiel dar. Sie versuchen, dabei herauszufinden, wie sie selbst störendem Verhalten im Berufsalltag angemessen begegnen könnten.

In etwa erwartetes Ergebnis:

Rollenspiel-Beispiel 1:

Ein Patient soll auf eine andere Station verlegt werden
- Die Stationsschwester teilt ihm dies mit.
- Der Patient wehrt sich, er möchte gerne bleiben.
- Die Stationsschwester geht auf seine Reaktionen ein.

Rollenspiel-Beispiel 2:

Eine Patientin mit schwer einstellbarem Diabetis mellitus beschwert sich über das Essen, sie will entlassen werden.
- Sie bringt ihre Beschwerde zum Ausdruck.
- Die Krankenschwester geht darauf ein.

Rollenspiel-Beispiel 3:

Eine Patientin soll ins Pflegeheim verlegt werden
- Die Stationsschwester bespricht diesen Schritt mit der Tochter der Patientin.
- Die Tochter reagiert mit Unverständnis und Empörung.
- Die Stationsschwester geht auf die Reaktionen ein.

Rollenspiel-Beispiel 4:

Eine junge Krankenschwester sitzt weinend in der Stationsküche, sie weigert sich, weiterzuarbeiten
- Die Stationsschwester spricht mit ihr.

Arbeitsstrategie

1. Vorbereitung auf die Rollenspiele, jeweils 2 LL
2. Auswertung nach jeder Darstellung im Plenum unter folgenden Gesichtspunkten:
   An welcher Stelle verhielten sich
   - Patient
   - Tochter
   - junge Krankenschwester
     aggressiv,
     regressiv,
     egozentrisch,
     traurig-mutlos,
     verleugnend,
     angstvoll.

Woran wurde dies erkennbar?
An welcher Stelle begegneten die Stationsschwester, die Krankenschwester dem Verhalten ihres Gegenüber angemessen? Warum?

3. Während sich die einzelnen LL auf die Rollenspiele vorbereiten, überlegen die übrigen in kleinen Gruppen, wie *sie* als Stationsschwester/Krankenschwester angemessen auf das jeweilige Verhalten der Rollenspieler eingehen würden und warum.

   Ihre Überlegungen sind Grundlage für die anschließende Auswertung, daher werden sie als Gedächtnisstütze stichwortartig notiert.

Kommentar

Zur Verdeutlichung der Arbeitsweise während dieser Unterrichtsphase werden die in etwa erwarteten Ergebnisse von zwei Rollenspielthemen exemplarisch für die übrigen dargestellt.

In etwa erwartetes Ergebnis der Überlegungen am Beispiel des ersten Rollenspieles:

„Ein Patient soll auf eine andere Station verlegt werden. Er wehrt sich, er möchte gerne bleiben."

Was bedeutet das für die Stationsschwester, die für die Verlegung sorgen muß?

Zunächst muß sie sich klar machen (Ausgangspunkt):

- Der Patient will mich nicht *ärgern*,
- er hat Angst vor dem Neuen, Unbekannten,
- ihm fehlt es an Kraft, sich (schon wieder!) mit einer neuen Situation auseinanderzusetzen.
- Er ist bitter enttäuscht, er hat sich so wohl auf dieser Station gefühlt etc.

Mögliches Verhalten der Stationsschwester:

- Zuhören, den Patienten reden und klagen lassen, um zu erfahren, was gefühlsmäßig in ihm vorgeht,
- Verstehen für seine Situation *zeigen*,
- Schwierigkeiten der Station aufzeigen, die eine Verlegung nötig machen, und an die Hilfsbereitschaft, Unterstützung des Patienten appellieren,
- Die andere Station gut auf sein Kommen vorbereiten.
- Dem Patienten beschreiben, wer und was dort auf ihn wartet.

– Ggf. Besuche versprechen (und dann das Versprechen auch halten) etc.

In etwa erwartetes Ergebnis am Beispiel des zweiten Rollenspieles:

„Eine Patientin mit schwer einstellbarem Diabetes mellitus beschwert sich über das Essen, sie will entlassen werden."

Was bedeutet das für die Krankenschwester, die von den Vorwürfen der Patienten „überfallen" wird und die weiß, daß diese in ihrem gegenwärtigen Zustand noch nicht entlassen werden kann?

Zunächst muß sie sich klar machen (Ausgangspunkt):
- Die Patientin will mich nicht persönlich ärgern.
- Sie steht unter Spannung und muß sich entladen.
- Daß sie die Kraft dazu hat, ist zunächst positiv zu werten.
- Was aber bedeutet der Patientin das Essen wirklich, geht es ihr nur darum? (Essen kann auch ein Pseudonym für vieles andere sein).
- Worüber ist sie wirklich wütend? (Über sich selbst, weil es mit der Einstellung nicht klappt, weil ihr Körper nicht mitmacht?).
- Was braucht sie in diesem Augenblick – Einsicht oder Entlassung?

Mögliches Verhalten der Krankenschwester:
- Zuhören, die Patientin reden und klagen lassen.
- Verständnis für ihre Situation und ihren Zorn *zeigen*.
- Ruhig Einhalt gebieten, wenn sie sich zu stark gehen läßt (damit sie sich später nicht zu schämen braucht).
- Wo Fehler seitens der Küche oder Station vorliegen, diese auch zugeben und Änderungen anstreben.
- Mit der Patientin über die Notwendigkeit ihrer Einsicht und Mitarbeit sprechen und dies auch begründen können.
- ggf. Unterstützung und Hilfe anbieten (Gespräch mit der Diät-Beratung, Diabetes-Schulung, Broschüren etc.) etc.

Kommentar

Es ist hilfreich, wenn die LL vor der Gestaltung dieses Unterrichtsthemas die Grundlagen der Gesprächsführung kennengelernt haben (vgl. hierzu „Abermeth, Gespräche auf der Krankenstation“). Ihre Überlegungen zum Gesamtthema „Lernsituationen auf der Krankenstation“ hätten damit ein breiteres Fundament.

Eine freiwillige Gruppe von LL beschäftigt sich neben der ersten Gruppe mit dem Neuen Testament.

Sie überprüft an einer von ihr ausgewählten Geschichte aus den Evangelien, wie Jesus Menschen mit störendem Verhalten begegnet. Sie fragt sich, was sie für sich selbst daraus lernen könne. Diese Gruppe nimmt zunächst an der Auswertung der Rollenspiele im Plenum teil, ehe sie ihr Arbeitsergebnis vorstellt.

Mögliches Arbeitsergebnis der Gruppe „Neues Testament“:

1. Phase:
   Lesung der Geschichte über den „Rangstreit“ der Jünger nach Matt. 20.20–28 mit dem Hinweis, daß diese Begebenheit auch im Markus- und Lukasevangelium vorkommt, also wichtig sein muß.
2. Phase:
   Rollenspiel der im Matth.Evangelium dargestellten Situation. Das Plenum beobachtet das Rollenspiel (stichwortartige Darstellung der Beobachtungen auf **OHP-Folien**) unter folgenden Schwerpunkten:
   – Worin besteht das störende Verhalten der beiden Söhne und ihrer Mutter?
   – Wie reagiert der Jüngerkreis auf dieses Verhalten?
   – Wie reagiert Jesus?
   – Gibt es Verhaltensparallelen im Berufsalltag der Krankenpflege?
   – Was können wir von Jesus lernen?
3. Phase:
   Diskussion der Beobachtungen anhand der Stichwort-Folien

Mögliche Beobachtungsstichpunkte:

Worin besteht das störende Verhalten?

– Im Ehrgeiz der Mutter und ihrer Söhne.
– In ihrer Selbstüberschätzung und Ahnungslosigkeit.
  (Sie können die Bürde des Amtes nicht einschätzen, das sie bekleiden wollen).

– Im Vorschicken eines Dritten (Mutter), der ausspricht, was man wünscht, wozu man aber zu feige ist.

Wie reagiert der Jüngerkreis?

– unwillig und eifersüchtig.

Wie reagiert Jesus?

– Er geht auf die Bitte von Mutter und Söhnen ein, spricht aber nur mit den Söhnen.
– Er prüft, ob sie die Konsequenzen ihres Begehrens ermessen können.
– Er weist sie nicht zurecht, als er merkt, wie ahnungslos sie sind. Vielmehr zeigt er sachlich den schweren Weg auf, der allein zu diesem Ziel führt.
– Er begründet, warum er ihren Wunsch nicht erfüllen kann.
– Er erkennt im Unwillen der übrigen Jünger, daß sie ähnliches wünschen.
– Daher bezieht er sie nun alle ein in seine Lehre von der Macht der Ohnmächtigen, der Kraft der Liebenden, dem Segen derer, die nicht andere beherrschen, sondern einander dienen wollen.
– Er wird bis zu seinem Tode nicht müde, seinen Jüngern Nachhilfeunterricht zu geben über die rechte Art christlicher Nachfolge.

  Er zeigt damit auf, was es heißt, Begleiter/Helfer zu sein.

Gibt es Verhaltensparallelen im Berufsalltag der Krankenpflege?

Ein Beispiel aus der Pflegepraxis: Schwester X, eine junge Krankenschwester, die gelegentlich schon Stationsvertretungen gemacht hat, brennt darauf, den Posten ihrer kurz vor der Pensionierung stehenden Stationsschwester zu übernehmen. Sie ist sich ganz sicher, daß sie diesen ebenso gut ausfüllen kann, wenn nicht sogar besser.

Mit Freunden, Mitarbeiterinnen und Angehörigen unterhält sie sich wiederholt über ihren Wunsch, bis ein ihr befreundeter Arzt schließlich resolut meint: „Wir gehen in den nächsten Tagen gemeinsam zur Pflegedienstleitung. Ich werde meine Beziehungen bei ihr spielen lassen und für dich bitten. Vielleicht kommt ihr dein Wunsch sogar gelegen.“

Weil Schwester X über dieses Gespräch auf Station erzählt,

spricht es sich schnell im Krankenhaus herum. Es kommt zu Empörung und Unruhe unter den Mitarbeiterinnen. Einige von ihnen sind schon deshalb böse, weil Schwester X ihnen mit ihrem Wunsch zuvorgekommen ist. Der Arbeitsfrieden ist gestört.

Was können wir für diese Situation vom Verhalten Jesu lernen?

Gehen wir davon aus, daß die Pflegedienstleitung Jesu Verhalten als Richtschnur nimmt, dann könnte ihr eigenes Verhalten in dieser Situation so beschrieben werden:

- Ohne spürbare Verwunderung oder gar Zorn geht die Pflegedienstleitung auf die Bitte des Arztes und der jungen Krankenschwester ein. Im folgenden Gespräch wendet sie sich jedoch ausschließlich der Krankenschwester zu.
- Sie überprüft, ob diese die Konsequenzen ihres Begehrens ermessen kann.
- Sie weist sie nicht zurecht, als sie merkt, wie unerfahren, ja ahnungslos diese noch ist. Vielmehr stellt sie ihr sachlich die Schwere und Verantwortung des begehrten Amtes vor Augen.
- Sie begründet, warum sie ihren Wunsch noch nicht erfüllen kann.

Als der Unmut und das Gerede einiger Mitarbeiterinnen zu ihr dringt, beruft sie eine Stationskonferenz ein. Hier spürt sie heraus, daß einige in der Gruppe von einem ähnlichen Wunsch bewegt werden wie Schwester X.

- Daher bezieht sie nun alle Beteiligten in das Gespräch mit ein und gemeinsam überlegen sie:
  - ob nicht der Wunsch nach mehr Macht blind werden läßt für ein partnerschaftliches Miteinander auf Station,
  - ob nicht der Wunsch, einen anderen ausstechen zu wollen, unfähig mache, ihn zu achten,
  - ob nicht derjenige, der Verantwortung tragen und Führungsaufgaben übernehmen wolle, dies zunächst gründlich lernen und zuvor selbst Anleitung und Führung annehmen müsse,
  - ob, wie und wann der Wunsch von Schwester X erfüllt werden könne und vielleicht sogar müsse etc.

5.4 Die Persönlichkeit achten

Ziel

- Auseinandersetzen mit dem komplexen Begriff „Persönlichkeit“.
- Begreifen, worin die Einmaligkeit der eigenen und der Persönlichkeit jedes Menschen besteht.
- Wissen, was die Forderung bedeutet: Die Persönlichkeit des Kranken muß in die Pflege einbezogen werden.

Kommentar

Auslöser für den Unterricht zum Thema „Persönlichkeit“ war eine wiederholt geäußerte Forderung einzelner Lerngruppen.

Auf die Frage, was den eigentlichen Wert der Pflege in Gesundheit und Krankheit ausmache, kam regelmäßig die Antwort: Die Persönlichkeit des Gesunden oder Kranken muß in die Pflege einbezogen sein.

Daß diese Antwort wenig reflektiert war, wurde deutlich in der Ratlosigkeit der LL, wenn es darum ging, das zu beschreiben, was sie unter Persönlichkeit verstanden wissen wollten. Diese Ratlosigkeit motivierte US und LL, sich mit dem Thema „Persönlichkeit“ auseinanderzusetzen und es für die Ausbildung von Krankenpflegeschülerinnen unterrichtlich zu gestalten.

US und LL stellen gemeinsam das Ziel auf, das sie mit dieser Stunde erreichen wollen. Im Anschluß daran tragen sie (arbeitsgleicher Gruppenunterricht) in der Schulbibliothek aus der dort vorhandenen sozialwissenschaftlichen Literatur Erklärungen zum Begriff „Persönlichkeit“ zusammen.

Mögliche Beispiele:

Unter Persönlichkeit wird verstanden

- der voll entfaltete, zur Reife und Selbständigkeit gelangte Mensch (Herder-Lexikon der Psychologie),
- der Inbegriff der Bedingungen individuellen Erlebens und Verhaltens (Herder-Lexikon der Pädagogik Band 3),
- ein Bündel personaler Eigenschaften (aus Ciceros Werken),
- die einzigartige Struktur von Wesenszügen eines Individuums (Guilford, „Persönlichkeit“),

– das Ebenbild Gottes (Gott schuf den Menschen sich zum Bilde – Die Bibel) etc.

Die LL überprüfen nach dieser Phase des Sammelns die von ihnen zusammengestellten Definitionen auf ihre Aussagekraft.

Sie kommen zu der Auffassung, daß alle unter „Persönlichkeit“ den ganzen Menschen in seiner Individualität verstehen. Doch – so folgern sie weiter – wird in den Definitionen auch deutlich, daß die Persönlichkeit – das Gesamtbild des Menschen – aus einzelnen „Bausteinen“ geformt ist, vergleichbar mit einem Mosaik, das erst durch die Auswahl und kunstvolle Zusammensetzung vieler Steinchen zu einem unverwechselbaren Kunstwerk wird.

Im folgenden Abschnitt wird es um die „Bausteine“ der menschlichen Persönlichkeit gehen.

Die US gibt den LL einen Einblick in verschiedene persönlichkeitsbildende Bereiche, so wie sie Guilford in seinem Buch „Persönlichkeit“ darstellt.* Sie bittet die LL, die von ihr gegebenen Denkanstöße aufzunehmen und sie mit Erkenntnissen und Erfahrungen aus dem eigenen Leben zu verknüpfen, so daß ein lebhafter Gedankenaustausch entstehen kann.

Kommentar

Den LL soll in dieser Unterrichtsstunde neu oder wieder bewußt werden

– daß jeder Mensch eine einmalige, äußerst differenzierte Persönlichkeit ist,
– daß sie als Krankenschwestern lernen müssen, die Persönlichkeit des jeweiligen Patienten zu erfassen, um sie (ihn) in die Pflege einbeziehen zu können.

Die US richtet sich nach dem Konzept von Guilford, weil dieses besonders einprägsam deutlich macht, was es heißt, sich pflegerisch auf die Persönlichkeit des Patienten einzustellen und nicht nur auf seine Krankheit.

---

* Vgl. Lesehinweise zur 4. UE S. 98

Die US führt (Kurzvortrag) ins Thema ein*:

Von der Psychologie wissen wir, daß der Begriff „Persönlichkeit“ erst zur Zeit Goethes in unseren Sprachgebrauch aufgenommen wurde.

Goethe z. B. sah in ihr den Inbegriff des Menschseins überhaupt, er sah den Mann oder die Frau auf der Höhe ihres Lebens, vielseitig gebildet, mitmenschlich, anderen als Vorbild dienend.

Über die Herkunft des Wortes selbst wird mancherlei gerätselt. Unverkennbar ist aber der Zusammenhang mit dem lateinischen Wort persona, womit im klassischen Altertum die Maske bezeichnet wurde, die der Schauspieler vor sein Gesicht setzte und durch die er hindurchtönte.

Dieser Vergleich von der ‚durchtönten‘ Maske mit der menschlichen Persönlichkeit ist faszinierend!

Die US bittet die LL, zu diesem Vergleich spontane Einfälle (Brainstorming) zu äußern.

In etwa erwartete Einfälle als Ergebnis zusammengefaßt:

z. B. Das, was von der Persönlichkeit eines Menschen sichtbar, erfaßbar, beschreibbar ist

(Maske), ist allen Menschen gleicherweise eigen (Körper, beobachtbares Verhalten). Doch gehört zur Persönlichkeit auch das „Tönende“, das Unverwechselbare, das nicht Faß- und Beschreibbare. Beides zusammen aber macht erst Persönlichkeit aus.

Die Beiträge der LL finden im Verlauf des folgenden Unterrichts ihre Bestätigung.

US (Kurzvortrag): Heute sprechen wir sachlicher, nüchterner über unsere Vorstellung von Persönlichkeit als dies zu Goethes Zeiten der Fall war.

Eine Persönlichkeit ist heute jeder von uns, wie reif oder unreif, gebildet oder ungebildet, mitmenschlich oder unmenschlich er auch sein mag.

---

* Die Einführung ins Thema ist sinngemäß einem unveröffentlichten Referat von Prof. Dr. Schomburg † zum Thema „Menschenführung“ entnommen.

Persönlichkeit im heutigen psychologischen Wortgebrauch bedeutet die Zusammenfassung alles dessen, was über den Menschen ausgesagt werden kann.

Ein Bild aus dem Werk des amerikanischen Wissenschaftlers Professor Guilford kann uns helfen, diese komplexe Aussage zu verstehen.

Mit Hilfe eines Schemas zeigt er die sieben Bereiche menschlicher Persönlichkeit auf und gibt damit einen wesentlichen Impuls zur Auseinandersetzung mit der Frage: Was und wie ist der Mensch? Doch in großer Bescheidenheit betont er, daß dieses Schema nur als gedankliche Ordnung gewertet werden darf und nicht etwa Letztes über das Rätsel Mensch aussagen will.

Vielmehr kann dieses Schema dem Einzelnen helfen, sich selbst und seine Mitmenschen besser zu verstehen.

Die US zeigt das auf einer **OHP-Folie** vorbereitete Schema Guilfords (M 7) und erklärt es kurz im Zusammenhang, ehe sie in gemeinsamer Gedankenarbeit mit den LL näher auf die sieben Bereiche der Persönlichkeit eingeht.

Dabei beabsichtigt sie über die Reflexion persönlicher Ein- und Ansichten hinaus, stets auch eine Beziehung zur Krankenpflege herzustellen.

Die LL sollen herausfinden, was die detaillierte Kenntnis der einzelnen Persönlichkeitsbereiche für den Umgang mit z. B. Patienten und Mitarbeitern bedeuten kann.

US (Kurzvortrag): Guilford gibt mit diesem Schema zunächst einen globalen Überblick über die – seiner Erfahrung nach – wesentlichen Bereiche der menschlichen Persönlichkeit. Die Abbildung macht deutlich, daß alle miteinander verbunden sind und daß sie sich von daher auch gegenseitig beeinflussen. Darüber hinaus will das Schema anregen, die Persönlichkeit aus verschiedenen Blickwinkeln zu betrachten und sich Gedanken zu machen, was jeder Bereich im einzelnen zur Ausformung der Persönlichkeit beitragen kann.

Guilford betont, daß auch körperliche Merkmale entscheidend auf die Persönlichkeitsbildung einwirken, daher bezieht er physiologische und morphologische Persönlichkeitszüge in das Gesamtbild mit ein. Ihnen folgen die motivspendenden Wesenszüge wie Bedürfnisse, Interessen, Einstellungen.

M 7: „Persönlichkeit" (aus Guilford, S. 6)

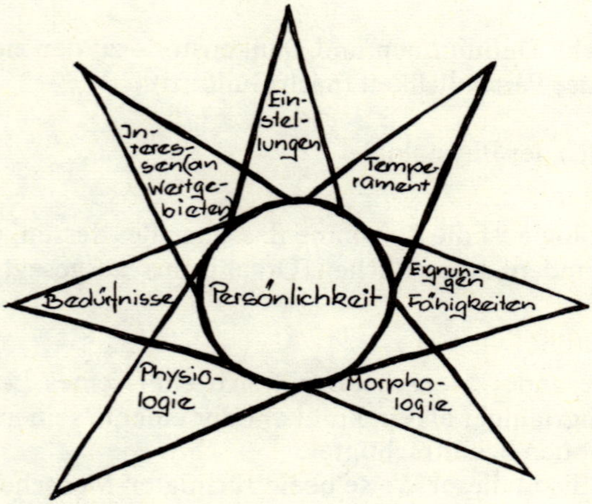

Ein weiterer Persönlichkeitsbereich sind die verschiedenen Eignungen, die so zahlreich sind, wie die Tätigkeiten, die bestimmte Fähigkeiten voraussetzen. Und schließlich stellt er den Bereich des Temperamentes vor, der etwas aussagt über die Art und Weise, in der jemand etwas tut.

Nach dieser kurzen, allgemein gehaltenen Einführung ins Thema machen sich US und LL Gedanken zu jedem einzelnen Persönlichkeitsbereich und setzen ihn in Beziehung zu ihrer eigenen und der Persönlichkeit von z. B. Patienten und Mitarbeiterinnen.
Dies geschieht in der Weise, daß die US zu jedem Bereich eine kurze Definition und anschließend gezielte Denkanstöße vorgibt, die von den LL aufgenommen und diskutiert werden.

Kommentar
Es ist faszinierend, wie kreativ sich der Gedankenaustausch zu den einzelnen Persönlichkeitsbereichen unter den LL entfalten kann und wie lebendig der theoretisch-abstrakte Begriff Persönlichkeit unter dieser ganzheitlichen Betrachtungsweise wird.

Die LL erkennen schnell, daß diese Betrachtungsweise der erste – zweifellos anspruchsvolle – Schritt zu einer personenorientierten Pflege und Zusammenarbeit in ihrem Berufsalltag sein könnte.

Mögliche Definitionen und Denkanstöße zu den sieben Bereichen der Persönlichkeit (nach Guilford):

1. Bereich der Physiologie

Definition:

Physiologie ist die Zusammenfassung alles dessen, was über den gesunden menschlichen Organismus ausgesagt werden kann.

Denkanstöße:

- Ein gesunder Mensch erfreut sich eher seines Lebens, ist leistungsfähiger als ein kranker oder einer in seinen Körperfunktionen beeinträchtigter.
- Auch die in dieser Weise beeinträchtigten Menschen wollen als Persönlichkeit für voll, sowie ernst genommen und anerkannt werden. Auch sie wollen etwas leisten. (Leistungsgesellschaft?!)
- Wie steht es damit in der Krankenpflege, z.B. mit dem Entdecken und Nutzen von Ressourcen auch bei Schwerkranken und Behinderten?

2. Bereich der Morphologie

Definition:

Morphologie ist die Zusammenfassung alles dessen, was über die äußere Erscheinung eines Menschen ausgesagt werden kann.

Denkanstöße:

- Schöne, gut aussehende Menschen erhalten gewöhnlich mehr und schneller Anerkennung als häßliche.
- Wie mag es in der Seele verwachsener, häßlicher, mißgestalteter, von Krankheit gezeichneter Menschen aussehen (Sie sind stets den neugierigen oder mitleidigen Blicken ihrer Umwelt ausgesetzt.)
- Welche Vorurteile haben wir vielleicht schon in der Schule gelernt?

z. B. Ein gesunder Geist wohnt in einem gesunden Körper
Wer schielt, ist dumm,
Dicke sind primitiv
Rote Haar' und Sommersprossen sind des Teufels Volksgenossen etc.

- Wie gehen wir in der Krankenpflege mit unseren Vorurteilen um? (z. B. in der Pflege adipöser, haut- oder alkoholkranker Patienten?)
- Wie stehen wir zu unserem eigenen Erscheinungsbild?

An dieser Stelle könnte die US auf den wichtigen Beitrag zum Thema „Gestaltkunde" hinweisen, den Prof. Dr. Ernst Kretschmer in seinem Werk „Körperbau und Charakter" geleistet hat.

Er stellt Zusammenhänge her zwischen einer klar zu beschreibenden Körperform und mindestens zwei Wesensarten. Kretschmer hat drei „Typen" auf diese Weise beschrieben:

1. Der Leptosome: schlank, schmalwüchsig

   Wesensart: Ein Logiker, der alles zu ergründen sucht, alles erklären will. Meist kontaktschwach, kommt schlecht aus sich heraus, hat aber oft ein reiches Innenleben und kann sich gut mit sich selbst beschäftigen.
2. Der Pykniker: untersetzt, gedrungen, zu Fettansatz neigend

   Wesensart: Ein Kontaktstarker, gemüthaft, denkt mit dem Herzen, ist großzügig, kann 5 gerade sein lassen. Wichtig ist bei ihm die große Linie, er liebt das Geniale.
3. Der Athletische: breitschultrig, muskulös, kräftig, zum Gürtel hin sich verjüngend.

   Wesensart: Einer, der hart im Nehmen ist, kann einen Puff vertragen, ist willensstark und belastbar. Im Gedankenablauf, im sich äußern zähflüssig (viskös) und gründlich, (problematisch in Gruppengesprächen).

Achtung!

Die Kretschmersche Typenbeschreibung trifft in reiner Form nur auf einen kleinen Prozentsatz aller Erwachsenen zu. Meist herrschen Mischformen vor. Daher Vorsicht mit vorschneller Beurteilung und „Einordnung" anderer Menschen.

„Wie wolltest du dich unterwinden,
kurzweg den Menschen zu ergründen?
Du siehst ihn nur von außerwärts,
du siehst die Weste, nicht das Herz!"

Wilhelm Busch

3. Bereich der Eignungen/Fähigkeiten

Definition:

Hier wird all das zusammengefaßt, was der Mensch anlage- und begabungsmäßig mit auf seinen Lebensweg bekommen hat.

Denkanstöße:

- Eignungen/Fähigkeiten sind Kraftquellen (Ressourcen) über die jeder Mensch verfügt.
- Stellen Sie eine Liste Ihrer Eignungen/Fähigkeiten her und freuen Sie sich an ihr.
- Niemand nutzt während seines Lebens alle in ihm angelegten Fähigkeiten vollständig aus. In jedem von uns ruht gewissermaßen noch ein unentdeckter Schatz. Welche Chance für alle, die z.B. ihr Leben aus irgend einem Grund ändern müssen.
- Wie befähigen wir in der Krankenpflege Patienten zu einer Neuorientierung ihres Lebens?

4. Bereich des Temperamentes

Definition:

Temperament (auch Impulsivität, Lebensgrundstimmung) ist die dem Menschen eigene Art, dauernd und festgelegt affektiv zu reagieren.

Denkanstöße:

- Jeder Mensch muß im Laufe seines Lebens
  - sein Temperament kennenlernen (zweifellos verhilft ihm seine Umwelt dazu),
  - am affektiven Reagieren arbeiten (Selbsterziehung),
  - lernen, reizadäquat zu reagieren, d.h.:
    Der Temperamentsreiche muß lernen, seine Affekte zu kontrollieren und sich – wo nötig – zu beherrschen

(schlechtes Benehmen darf nicht mit Temperamentsreichtum verwechselt werden).

Der Temperamentslahme muß lernen, sich aus seinem ruhigen Unbeteiligtsein zu größerer Anteilnahme aufzuraffen (er sollte nicht nach dem Motto leben wollen: Bürger schont eure Anlagen!).

- Welches Vorbild geben wir diesbezüglich denen, die wir in die Krankenpflege hineinerziehen möchten?

5. Bereich der Einstellungen

Definition:

Einstellungen sind seelisch-geistige Haltungen gegenüber Personen, Ideen, Sachen etc. Sie sind immer an eine Wertung und/oder Erwartung gebunden.

Einstellungen vermitteln die Fähigkeit, sich schnell in einer Situation zurechtzufinden und Mittel zu ihrer Bewältigung bereit zu haben. Einstellungen werden immer gelernt.

Denkanstöße:

- Was bedeutet „Einstellung“ beim Fotografieren, welche Schritte führen dazu?
- Jeder Mensch verfügt über seine persönlichen Einstellungen, mit deren Hilfe er auf seine Art sein Leben betrachtet („Weit-“ oder „Nahwinkel“) und sich mit den verschiedenen Situationen des Lebens auseinandersetzt.
- Jeder von uns denkt und handelt auf dem Hintergrund seiner Einstellungen, d. h.:
  - wir pflegen uns und unsere Sachen nach unserer Einstellung z. B. zu Ordnung, Sauberkeit und Gesundheit;
  - wir ertragen Kranksein in dem Maße, wie wir z. B. zu Leid, Passivität, Umsorgtwerden etc. eingestellt sind;
  - wir gestalten unsere Ferien je nachdem, ob wir auf Muße oder Aktivität eingestellt sind etc.
- Einstellungen verhelfen dazu, automatisch, routiniert zu handeln und zu denken, wir müssen uns nicht immer neu auf die gleiche Situation einstellen.
- Einstellungen können sich zu Vorurteilen verfestigen, wenn wir sie nicht kritisch daraufhin überprüfen, ob wir sie ändern können und müssen. Geschieht das nicht, laufen wir Gefahr,

von eingeschliffenen Denk- und Handlungsweisen nicht mehr abgehen zu können, unsere Einstellungen für die einzig richtigen zu erklären, immer eine fertige Meinung zu haben und alles für sonnenklar zu halten.

- Solche Vorurteile werden dann häufig unkontrolliert weitergegeben, sozusagen „vererbt“, z.B.:
  - Kriege wird es immer geben.
  - Ordnung ist das halbe Leben.
  - Neuerungen in der Krankenpflege bringen nichts als Unruhe.
  - Das war schon immer so.
  - Die Jugend weiß alles besser etc.
- Welche Vorurteile haben wir selbst, kennen wir sie?
- Wie gehen wir mit den Vorurteilen von Patienten und Mitarbeiterinnen um?

6. Bereich der Interessen (an Wertgebieten)

Definition:

In diesem Abschnitt geht es darum, daß jeder Mensch seinen ganz persönlichen Anteil an bestimmten Wertgebieten, seine nur ihm zugehörenden geistigen und materiellen Interessen hat.

Ergänzende Sachinformation durch die US:

Guilford erwähnt an dieser Stelle den Beitrag Eduard Sprangers in dessen Buch „Lebensformen“. Spranger geht in seiner Lehre „Von den echten Wertgebieten der Menschen“ davon aus, daß unser ganzes Leben in den Wertgebieten Religion, Kunst, Wissenschaft, Ökonomie, Soziales, Politik begründet liegt.

Alle Wertgebiete haben jeweils einen höchsten Wertbegriff, auf den sich das Interesse, die Anteilnahme der Menschen richtet:

- In der Religion ist es die Frage nach *Gott*,
- in der Kunst das Erleben des *Schönen*,
- in der Wissenschaft das Streben nach *Erkenntnis*,
- in der Ökonomie die Erfahrung der *Nützlichkeit*,
- im sozialen Bereich die Hinwendung zum *Du*,
- in der Politik die Möglichkeit der *Macht*ausübung.

Kein Mensch – so Spranger – ist an allen Wertgebieten in gleicher Weise interessiert, jeder von uns kann innerlich nur an zweien oder dreien echten Anteil nehmen, z. B.:

M 8

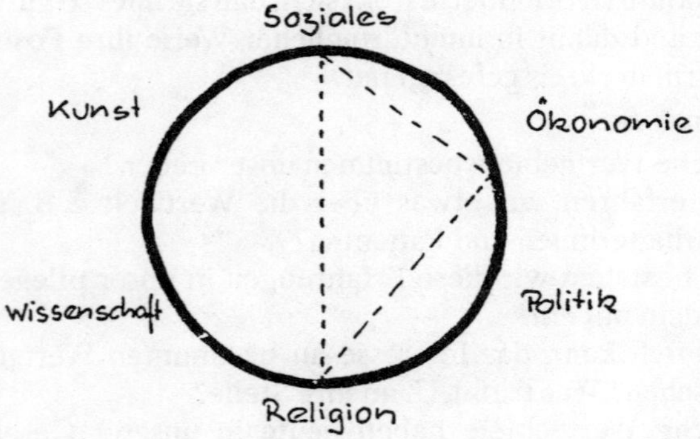

So kann ein Mensch, der seine berufliche Aufgabe im sozialen Wertgebiet gefunden hat (z. B. als Krankenschwester) zugleich echte Religiosität und ökonomischen Sinn besitzen. Wir sollten, besonders wenn wir auf Zusammenarbeit mit anderen angewiesen sind, nie vergessen, daß mehrere Menschen das gleiche Erlebnis stets auf dem Hintergrund ihrer eigenen Wertwelt verarbeiten (Bezug zur 1. UE)

Beispiel:

6 Mitarbeiterinnen einer Diakoniestation machen einen Waldspaziergang bei schönstem Sommerwetter. Jede dieser Mitarbeiterinnen ist jeweils an einem der 6 Wertgebiete interessiert.

Obwohl alle dasselbe schöne Erlebnis haben, verarbeiten sie es doch ganz unterschiedlich, z. B.:

- Die sozial eingestellte Mitarbeiterin bedauert, daß nicht auch die Daheimgebliebenen an diesem schönen Ausflug teilnehmen konnten.
- Die wissenschaftlich interessierte ist glücklich, weil sie ihrem

Hobby Botanik frönen und Pflanzen zum Mikroskopieren sammeln kann.

- Die religiöse Schwester lobt Gott, indem sie singt.
- Die künstlerisch begabte genießt in vollen Zügen die Schönheit und Farbenpracht des durchsonnten Waldes.
- Die ökonomisch eingestellte erspäht überall gutes, trockenes Brennholz, Pilze und Beeren.
- Die politisch orientierte freut sich, daß sie alles so gut organisiert und damit in unaufdringlicher Weise ihre Position im Mitarbeiterkreis gefestigt hat.

Denkanstöße:

- Welche Wertgebiete bestimmen unser Leben?
- Wie erfahren wir etwas über die Wertwelt z.B. unserer Mitarbeiterinnen und Patienten?
- Wie beziehen wir diese Erfahrungen in unser pflegerisches Handeln mit ein?
- Wodurch kann das Interesse an bestimmten Wertgebieten erlöschen? Was tritt u. U. an ihre Stelle?
- Welche Wertgebiete haben heute in unserer Gesellschaft Vorrang? Was hat das für Konsequenzen?

7. Bereich der Bedürfnisse

Definition:

Guilford definiert Bedürfnis als motivspendenden Wesenszug des Menschen, als konstanten Wunsch nach einem erstrebenswerten Zustand. Jedes Bedürfnis hat normalerweise eine zielgerichtete Handlung zur Folge.

Denkanstöße:

- Ob unser Leben gelingt, hängt mit davon ab, ob wir unsere Bedürfnisse – die somatischen, psychosozialen und spirituellen – angemessen befriedigen können. (Die Kenntnis der einzelnen Bedürfnisse wird bei den LL vorausgesetzt.)
- Die Kenntnis der eigenen Bedürfnisse und die Fähigkeit, sie angemessen befriedigen zu können, ist ein wesentlicher Faktor der Psychohygiene.
- Ob Patienten im Krankenhaus, ob Mitarbeiterinnen im Stationsteam, ob wir selbst leidlich oder unleidlich sind, hängt

entscheidend von eben dieser Fähigkeit (und den jeweiligen Möglichkeiten) ab.

– Welche legitimen Bedürfnisse haben insbesondere bettlägerige, schwerkranke, von Pflege und Betreuung abhängige Patienten und welche Möglichkeiten haben sie, sie befriedigen zu können?
– Welche Möglichkeiten haben Krankenschwestern, die Bedürfnisse dieser Kranken zu erkennen und zu stillen?
– Patienten, Angehörige, Mitarbeiter etc. können Unangenehmes besser durchhalten, wenn sie sich z. B. verstanden, geborgen und sicher fühlen (Bedürfnis nach Sicherheit und Verständnis).
– Ein starkes, ungestilltes Bedürfnis (z. B. Hunger) läßt in der Regel weitere Bedürfnisse nicht zu.

Kommentar

Zum Abschluß dieser Unterrichtsstunde sollte den LL dreierlei klar geworden sein:

1. wie individuell, differenziert und unverwechselbar die Persönlichkeit jedes Menschen sich entwickelt.
   (Die Guilfordsche Theorie der Persönlichkeitsbereiche sollte lediglich als Wegweiser zu dieser Erkenntnis führen).
2. Welche Ressourcen die Krankenschwester im Umgang mit sich selbst, ihren Patienten und Mitarbeiterinnen nutzen kann, wenn sie sich in der Pflege dieser Erkenntnis bedient.
3. Wie anspruchsvoll, aber auch lohnend die Aufgabe ist, die Persönlichkeit des Patienten wirklich kennenzulernen und in die Pflege einzubeziehen.

Weiterführende und ergänzende Themen zur vierten Unterrichtseinheit

1. Krankheits- und Krankenhauserleben
   Behinderter alter Menschen
   Krebskranker
   ausländischer Patienten etc.
2. Angstthemen:
   Katastrophenangst
   Katastrophenschutz
   Angst vor Verantwortung
   • Kinder – ja oder nein?
   • Pflege gebrechlicher und alter Angehöriger zuhause
   Angst vor dem Leben – Angst vor dem Sterben etc.

3. Sinn-Themen:
   Warum lohnt es sich zu leben?
   Sinn der Arbeit – Sinn der Muße
   Sinn im Verlust
   Sinn in der Enttäuschung etc.
4. Themen aus dem Bereich „Psychohygiene“

Literatur und Lesehinweise zur vierten Unterrichtseinheit

1. Abermeth, Hilde-Dore: Gespräche auf der Krankenstation. Göttingen 1982
2. Abermeth, Hilde-Dore: Patientenzentrierte Krankenpflege. Göttingen, 3. Aufl. 1978
3. Brüder Grimm: Aus der Märchenwelt der Brüder Grimm 1. Band. Ravensburger Taschenbücher, Ravensburg 1972.
4. Das große Sprachbuch. Hamburg 1971
5. Duden – Herkunftswörterbuch der Deutschen Sprache. Mannheim 1963
6. Fiechter, Verena/Meier, Martha: Pflegeplanung. Basel 1981
7. Guilford, Joy Peter: Persönlichkeit. Weinheim Basel 1974
8. Juchli, Liliane: Krankenpflege. Stuttgart, 4. Aufl. 1983
9. Remschmidt, Helmut: Psychologie für Krankenpflegeberufe. Stuttgart, 2. Aufl. 1977

6. Das Gewissen – Schlüsselthema im Konfliktfeld „Krankenpflege“

6.1 Einführung in die fünfte UE

Begründung der Themenwahl und Zielvorstellungen: In der 5. UE steht das Gewissen im Mittelpunkt, das Gewissen des Menschen im persönlichen und im Berufsleben.

Während sich die LL in der ersten UE „Im Vorfeld der Berufsethik“ nur kurz und allgemein mit dem Gewissen und seiner Stellung zu Ethos und Ethik beschäftigt haben, geschieht es in dieser UE grundlegender und vorrangig unter dem Blickwinkel der beruflichen Gewissensentwicklung und der beruflichen Gewissensurteile.

Gewissen, das „Organ der Unterscheidung“ – z.B. zwischen gut und böse, falsch und richtig, wertvoll und wertlos etc. – ist besonders in einem Beruf zu pflegen, in dem es darum geht, für andere Menschen Sorge zu tragen, an ihrem Befinden Anteil zu nehmen und verantwortlich für sie einzustehen.

Und dies gilt um so mehr dann, wenn sich Krankenschwestern zu Lehr- und Leitungspersönlichkeiten in der Krankenpflege weiterbilden lassen.

Von ihnen werden ja einmal klare Entscheidungen z.B. in der Mitarbeiterführung und in der Schularbeit gefordert werden – und dies mit gutem Recht. Darum muß den LL die „Stimme“ ihres Gewissens ebenso vertraut sein, wie ihr Verhalten, mit dem sie darauf „antworten“.

Die LL erhalten daher in dieser UE Gelegenheit, sich mit berufsspezifischen Gewissensentscheidungen und -konflikten auseinanderzusetzen. Sie sollen zu der Erkenntnis kommen, daß ihr Gewissen gleichsam die „Schatztruhe“ ihrer Lebenswerte und -normen und also auch die Grundlage ihres täglichen Denkens und Handelns ist. In einer Zeit der Wertevielfalt und Gewissensunsicherheit, die auch vor der Krankenpflege nicht Halt gemacht hat, sollten die Krankenschwestern Mut zur Inventur ihres Berufsgewissens haben, um eindeutige Entscheidungen treffen zu können, falls dies erforderlich ist.

Die Voraussetzung dafür ist jedoch eine gründliche Kenntnis des eigenen Gewissens und seines Gewordenseins, die Kraft zur Verantwortung persönlicher und möglicherweise unpopulärer Gewissensurteile und ein sachlich-nüchterner Blick für die unterschiedlichen berufsspezifischen Konfliktfelder.

Die 5. UE wird methodisch so angeboten, daß die LL den Unterricht aktiv mitgestalten können, zumal sie alle über Wissen, Erfahrungen und Erkenntnisse zum Thema verfügen und daher auch fähig sind, Gewissensentscheidungen zu überprüfen und an Konfliktlösungen zu arbeiten.

Besondere christliche Fragestellung: Obwohl in den Evangelien der Begriff „Gewissen" nicht ein einziges Mal als solcher vorkommt, (lt. „Große Konkordanz zur Lutherbibel")[1] sind viele Begebenheiten ein anschauliches Beispiel für die Realität des Gewissens und dafür, wie Jesus sich menschlicher Gewissensnöte und -entscheidungen annimmt.

Die Frage: Was können wir an dieser Stelle für Leben und Beruf von Jesus lernen? soll in der fünften UE exemplarisch untersucht und wo möglich beantwortet werden.

6.2 *Gewissen*

Ziel

- Vergegenwärtigen, daß der Begriff „Gewissen" im Lauf der Geschichte eine lange Tradition hat und daß Gewissenserziehung und -entwicklung von der jeweils aktuellen Begriffsdefinition abhängt.
- Vergegenwärtigen, daß sich das menschliche Gewissen altersspezifisch entwickelt wie etwa die Fähigkeit zu laufen und zu sprechen.
- Gemeinsam überlegen und klären, wozu das schlechte Gewissen nützlich ist, wie es sich bemerkbar macht und welche Mittel zur Gewissensentlastung eingesetzt werden können.

---

[1] Große Konkordanz zur Lutherbibel. Stuttgart 1979.

– Bedenken einzelner Situationen in den Evangelien, in denen Jesus menschlicher Gewissensnot begegnet. Davon gedankliche Konsequenzen für das eigene Führungsverhalten ableiten.

Zu Beginn der UE hängen – je nach Größe der LL-Gruppe – mehrere noch leere **Plakatbogen** an den Klassenwänden mit der Überschrift: Mein Gewissen ist wie... Die US bittet die LL, ihr Verständnis von Gewissen als bildhaften Vergleich (Metapher) entweder in Worten oder in Wort und Bild darzustellen und im Anschluß daran zu erklären.

In etwa erwartete Beiträge:

Mein Gewissen ist wie:
... ein Richter
... ein Mithörer und Mitwisser

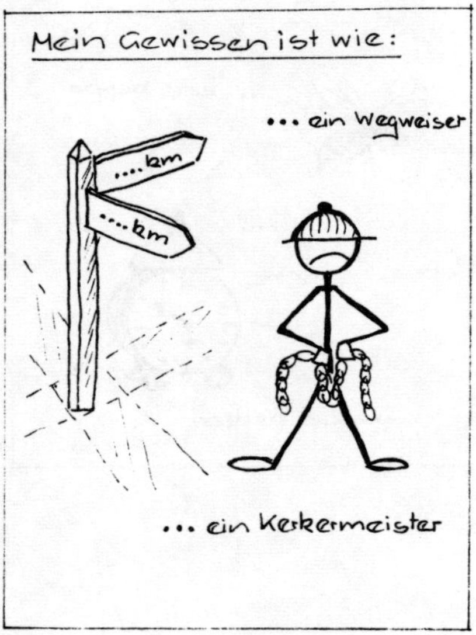
Mein Gewissen ist wie:
... ein Wegweiser
....km
....km
... ein Kerkermeister

Im Anschluß an die gestalterische Unterrichtsphase versuchen die LL zunächst von sich aus zu deuten, was die einzelnen Darstellungen aussagen wollen. Die „Urheber" der Zeichnungen und beschreibenden Worte stellen nur richtig oder ergänzen, wenn etwas falsch oder zu einseitig aufgefaßt wurde.

Mögliche Erklärungen:

...*wie ein Nagelbrett:* Ein Fakir auf seinem Nagelbrett spürt keinen Schmerz, weil er weiß, wie er darauf liegen muß – er kennt sein Brett. Und ich muß mein Gewissen auch kennen, damit es mich nicht zu sehr piekt.

...*wie eine Wespe:* So wie eine Wespe brummt mein Gewissen, wenn ich mich nicht richtig verhalte, und manchmal sticht es mich auch ganz schön.

...*wie ein Wecker:* Mein Gewissen macht mich wach, bringt mich zur Besinnung, wenn etwas nicht so ist, wie's sein sollte. Manchmal ist es echt unangenehm.

...*wie ein Wegweiser am Kreuzweg:* So wie ein Wegweiser will auch mein Gewissen, daß ich mich für den richtigen Weg entscheide. Das ist oft sehr anstrengend.

...*wie ein Kerkermeister:* Manchmal hab' ich den Eindruck, daß mein Gewissen mir Fesseln anlegt; ich möchte oft ganz etwas anderes, als das, was es mir vorschreibt – aber ich kann einfach nicht!

...*wie ein Richter:* Genauso wie ein Richter die Entscheidung zwischen Freispruch und Verurteilung des Angeklagten trifft, so komme ich mir manchmal mit meinem Gewissen vor – ich denke immer, ich entscheide selbst, aber das ist ein Irrtum.

...*wie ein Mithörer und Mitwisser:* Es ist immer „jemand" in mir, der mithört, der alles weiß, was ich denke und tue. Meist ist er friedlich, aber ich weiß – er kennt alle meine Gedanken und Geheimnisse.

Kommentar

Die Einstimmungsphase dient:
– der Aktivierung der LL-Erfahrungen zum Thema,
– der Motivation zur gemeinsamen Themengestaltung,
– dem Wecken kreativer Fähigkeiten.

6.2.1 *„Tradition" des Begriffes und Stufen der Gewissensentwicklung*

Im Anschluß an die Einstimmungsphase bespricht die US (Kurzreferat) mit den LL den geplanten Unterrichtsverlauf und das für diese UE gesteckte Ziel.

Danach erhalten die LL einen vorbereiteten **Arbeitsbogen** (M 9; s. S. 106/107) mit einem stichwortartigen Überblick über einzelne Etappen der geschichtlichen Entwicklung des Begriffes „Gewissen".

Die LL lesen jede für sich den AB, stellen – wo nötig – Verständnisfragen, fassen dann ihren Eindruck über den Inhalt des AB zusammen, beschreiben, welche Folgerungen sie aus dem begriffsgeschichtlichen Überblick ziehen und an welcher Stelle ihre eigenen bildhaften Vergleiche möglicherweise vorkommen.

Im Anschluß daran versuchen sie, eine eigene Definition des Begriffes „Gewissen" zu formulieren und vergleichen diese dann mit der Formulierung auf M 1 der ersten UE zum Thema „Berufsethik".

Mögliche Formulierungen der LL:
Gewissen:
- Schlüssel zum Safe meiner Wertvorstellungen,
- Brunnen von Schuldgefühlen, aber auch Quelle zur Schuldbereinigung,
- Kontroll- und Beurteilungsinstanz für richtiges und falsches Denken und Handeln,
- Sammelplatz für alle von Eltern und Erziehern gelernten Vorschriften,
- Meine Art, auf mich selbst, d.h. auf mein Denken, Fühlen und Handeln aufzupassen,
- Einzäunung gegen moralisches „Ausbrechen". etc.

Kommentar

Die LL erfahren bei den eigenen Formulierungsversuchen, wie schwer es ist, einem derart abstrakten und komplexen Begriff mit einer eigenen Definition gerecht zu werden, die kurz und treffend das enthält, was sie ausdrücken möchten.

Diese Erkenntnis ist wichtig für den Umgang mit dem Gewissen anderer Menschen, die möglicherweise eine ganz andere Definition gelernt und verinnerlicht haben.

Im Anschluß an diese Unterrichtsphase ruft die US mittels eines kurzen Überblicks die Stufen der Gewissensentwicklung ins Gedächtnis der LL. Zur Unterstützung erhalten diese darüber eine schriftliche Kurzfassung (**AB** = M 10; s. S. 108f)

Kommentar

Voraussetzung für dieses methodische Vorgehen ist, daß die LL schon über Kenntnisse zur Gewissensentwicklung verfügen. Ist dies nicht der Fall, sollte an dieser Stelle der Dozent für Psychologie in den Unterricht einbezogen werden.

Interessant wäre hier die Methode des Team-Teaching zwischen Psychologe und US.

6.2.2 *Gewissensnöte*

In der folgenden Unterrichtsphase stellen die LL (Kleingruppenarbeit und Auswertung im Plenum) konkrete Situationen dar, in denen Gewissensreaktionen deutlich werden. Inhaltliche Füllung und methodische Gestaltung der Situationen ist den LL frei gestellt.

Die US gibt lediglich das Ziel an, das mit den Situationsdarstellungen erreicht werden soll.

Sie schreibt an die Tafel.

Deutlich werden sollen:

Ausdrucksformen des schlechten Gewissens und der Gewissensentlastung.

Mögliche Methoden

1. Die Kurzgeschichte (Erlebnisbericht),
2. Die Bilderzeitung,
3. Das Rollenspiel etc.

Die einzelnen Gruppen stellen nacheinander ihre Ergebnisse vor, und die übrigen LL beobachten und beschreiben:

- in welcher Weise sich „schlechtes Gewissen“ äußert,
- welche Möglichkeiten der Gewissensentlastung zum Ausdruck kommen.

Mögliche Beispiele der Gruppenergebnisse:

1. Eine Kurzgeschichte

Eine L berichtet: Ich erinnere mich an ein Erlebnis zuhause. Mein Bruder – 10jährig, ein richtiger Draufgänger und eigent-

M 9: Gewissen. Ein kleiner begriffsgeschichtlicher Überblick

Der Begriff „Gewissen" stammt aus dem Griechentum. Syneidénai bedeutet ursprünglich „das *Mitwissen* mit einem anderen". Dies war besonders für das Rechtswesen von Bedeutung. Die „Mitwisser" waren vor Gericht zur Aussage verpflichtet.

In der Bibel kommt Gewissen als Begriff im Alten Testament und in den Briefen des Paulus vor. In den Evangelien ist er nicht zu finden.

Nach der Bibel ist das Gewissen zwar wichtig, um den Willen und die Gebote Gottes aufzunehmen, doch ist es im Grunde nicht viel mehr als ein allgemeines *„Organ" für Wahrhaftigkeit.* Es ist auf Orientierung von außen angewiesen, z.B. durch Gottes Gebote, durch den Heiligen Geist, durch den Glauben. *Gewissen, ein Gefäß, das gefüllt werden muß.*

Die Scholastik sagt, daß der Mensch über eine *unmittelbar eingepflanzte sittliche Grundwahrheit* verfügt, die ein Verhalten zum Guten wie zum Bösen einschließt.

Durch diese Grundwahrheit kann der Mensch sein Verhalten sowohl in der Planung als auch rückwirkend in der Durchführung einschätzen.

Das Gewissen wird hier eindeutig der Vernunft zugeordnet. (Scholastik: Philosophie des Mittelalters, die eng mit Theologie verbunden ist. Sie will die christliche Lehre rational begründen: „Ich glaube, damit ich verstehe."

Ein Hauptvertreter: Thomas von Aquin. Zeit: 11. bis 13. Jh.)

Mit Luther setzt ein neues Gewissensverständnis ein. Er verwirft die scholastische Begriffsdefinition. Für ihn ist die *Gewissenserfahrung* zugleich *Gotteserfahrung.*

Sie führt zur Erkenntnis der Verlorenheit. Aber der Zuspruch der Gnade Gottes im Evangelium schenkt dem Menschen ein neues Sein. Das Gewissen ist frei von menschlichen Satzungen, *der einzige Maßstab des Menschen ist sein Glaube.*

In der nachreformatorischen Zeit kommt es insbesondere bei den Mystikern zu einem Verständnis des Gewissens als Offenbarungsquelle. *Die „innere Stimme" des Menschen ist Gottes Stimme.*

Ab dem 19. Jh. bekommt das Gewissen unterschiedliche Namen, z. B.:

– das innere Gewahrwerden moralischer Prinzipien
– der dem Menschen innewohnende Wille zu guten Taten
– Merkmal vernunftgemäßen Urteilens (gefühls- nicht verstandesorientiert)
– Pflichtgefühl
– Richtschnur für das persönliche ethische Verhalten
– die Fähigkeit, zu sich selbst Ja zu sagen etc.

Neuzeit: Gewissen – die Reaktion des Individuums auf moralische Prinzipien und Verhaltensnormen der sozialen Gruppen, denen es angehört.

Die Fähigkeit, die eigenen Handlungen und Absichten zu bewerten, das Vermeiden von verbotenen Verhaltensweisen und das Bestreben, so zu handeln, daß es als moralisch wertvoll angesehen wird, ohne daß dies durch Furcht vor Bestrafung oder äußeren Druck bewirkt würde. (Herder-Lexikon der Psychologie)

Erich Fromm: Gewissen ist die Kenntnis über uns selbst, die Kenntnis über den Erfolg oder das Versagen in der Kunst des Lebens. Gewissen ist die Re-aktion unseres Selbst auf uns selbst. Es ist die Stimme unseres wahren Selbst, die uns zu uns selbst zurückruft, produktiv zu leben, uns harmonisch zu entwickeln, zu dem zu werden, der wir nach unseren Möglichkeiten sind. *Gewissen: Die Stimme unserer liebenden Fürsorge für uns selbst*[1].

Gewissensurteil:

Das Gewissen ist eine Beurteilungsinstanz. Es sagt uns vorausschauend – also vor einer Entscheidung – welche Handlungsalternativen sittlich richtig sind. Und es beurteilt rückschauend die Handlungen, die wir gerade ausführen oder ausgeführt haben. Das Gewissen kann nur Urteile in der ersten Person fällen. Es bezieht sich ausschließlich auf persönliche Handlungen. Es sagt mir, was ich tun soll und beurteilt, was ich getan habe. Mein Gewissen kann nicht beurteilen, was ein anderer tun sollte[2].

---

[1] Fromm, Erich: Psychoanalyse der Ethik. München 1982, S. 114 ff.
[2] Ricken, Friedo: Allgemeine Ethik. Stuttgart 1983, S. 153 ff.

M 10: Stufen der Gewissensentwicklung

Allgemeines: Etwa bis zum Trotzalter (Beginn des 3. Lebensjahres) steht das Kind auf der sog. „prämoralischen" Stufe. Es erfaßt noch nicht bewußt den Unterschied zwischen Brav- und Bössein (höchstens gefühlsmäßig, aber noch nicht denkend). Bis zu diesem Zeitpunkt sind die kindlichen Gefühle vorwiegend selbstbezogen. Erst mit zunehmender Reife und unter dem Einfluß liebevoller Erziehung entwickeln sich Gefühlsregungen des Füreinanders oder – besser gesagt – mitmenschliche Gefühle wie Mitfreude und Mitleid.

Während zuvor die eigenen Bedürfnisse und Wünsche das kindliche Verhalten anderen gegenüber bestimmten, erwacht jetzt in der Seele des Kindes ein „Organ" für fremde Nöte, Kümmernisse und Freuden. Dieses „Organ" ist das Gemüt. Es ist die Quelle von Liebe, Mitgefühl, Zartheit, Rücksicht und Wohlwollen. In ihm wurzeln altruistische Einstellungen, soziale Gesinnung, Güte, Fürsorglichkeit und Bindungsfähigkeit.

Weil das Gemüt das „Organ" für Wertempfänglichkeit und Bindungsfähigkeit ist, kann sich schon das kleine Kind an elterliche Normen binden. Aus Liebe zu seinen Eltern lernt es, ihre Gebote und Verbote zu befolgen.

Darum ist die Gemütsbildung des Kindes so wichtig, ist doch das Gemüt der Wurzelgrund des Gewissens.

(Gefühle sind nur für den Menschen selbst wichtig, das Gemüt aber ist die Brücke zum Nächsten).

Gewissensentwicklung

1. Stufe:

Das elterliche oder Primitivgewissen	Übernahme elterlicher Werte und Normen (ohne sie beurteilen zu können) – aus Liebe zu den Eltern, – aus dem Wunsch nach Zuwendung, – aus Strafangst. Gebote und Verbote der Eltern (insbesondere der Mutter) werden zum Gewissen des Kindes. Weil das Kind der Liebe seiner Eltern gewiß ist, lernt es auch auf Dinge zu verzichten, die ihm Spaß machen, z.B.

schreien, schmieren, kaputt machen. Liebes*gewißheit* führt zur stabilen Gewissensentwicklung.

2. Stufe:	
Das Kollektivgewissen (Kollektivmoral)	Das Kind/der Jugendliche übernimmt Werte und Normen seiner Gruppe (Kindergarten, Schulklassen, Interessengemeinschaft etc.) und überprüft an ihnen die elterlichen Werte und Normen. Es kommt daher zwangsläufig zur Wertunsicherheit und damit zu, z. B.: – Machtkämpfen im Elternhaus, – Kritik an der Elternmoral, – Kritik an der Erwachsenenmoral überhaupt, – Gewissenskonflikten, wenn das Kind erlebt, daß die Eltern nicht in allem recht haben und handeln. (Die Gewissensentwicklung kann mit Erreichen des Kollektivgewissens abgeschlossen sein, so daß moralische Entscheidungen des Kollektivs zum Gewissen des Einzelnen werden.)
3. Stufe:	
Das autonome oder humanistische Gewissen	Das autonome Gewissen entwickelt sich, wenn der Jugendliche erkennt und akzeptiert, daß es nichts und niemanden gibt, der vollkommen ist. Jetzt erst können Fehler bei sich selbst und bei denen, die man liebt und verehrt, zugelassen und Irrtümer einkalkuliert werden. Der Jugendliche sucht nun nach einer Instanz über der Person. Der Mensch tritt zurück hinter die Werte, für die er einsteht. Jetzt ist die selbständige Gewissensbin-

dung an Religion, Ideologie oder eine Idee und die Verantwortung für persönliche Gewissensentscheidungen möglich.

Das Kind besitzt z. T. noch bis in die Pubertät hinein ein „autoritäres“ Gewissen. Es kann als „Stimme“ einer nach innen verlegten äußeren Autorität beschrieben werden. Es ist an sich ein „unechtes“ Gewissen, denn das Kind fühlt nach einer Missetat nicht eigentlich Schuld im Vollsinn des Wortes, sondern eher Furcht vor Bestrafung und Liebesverlust.

Erst im Jugendalter, wenn das nun entwickelte Gemüt zusammen mit der Vernunft das Bewußtsein der eigenen Verantwortlichkeit wecken, wird es möglich, daß Gebote und Verbote der Autoritäten zu einem Teil der eigenen Persönlichkeit und als innere Verpflichtung erlebt werden.

Damit ist das autonome (oder nach Fromm das humanistische) Gewissen entstanden. Es ist die eigene „Stimme“, die nicht mehr abhängig ist von äußeren Strafen oder Belohnungen, die nun selbst Schuldgefühle, Gewissensbisse und Reue hervorruft[1].

Erich Fromm beschreibt das humanistische Gewissen als Reaktion unserer Gesamtpesönlichkeit auf deren richtiges oder gestörtes Funktionieren.

Gewissen ist, so meint er, die Kenntnis über uns selbst. Es spiegelt unser Interesse an unserer eigenen Integrität (Unversehrtheit) wider.

Das autoritäre Gewissen aber beschränkt sich auf den Gehorsam des Menschen, auf Pflichterfüllung und gesellschaftliche Anpassung (Wohlverhalten). Es hat nur soweit Mut und Kreativität, als es die Autoritäten zulassen. (z. B. Stationsschwestern, Ärzte, Oberinnen etc.).

Ziel des humanistischen Gewissens ist dagegen schöpferische Produktivität, unabhängig davon, wie andere sie beurteilen.

Autoritäres und humanistisches Gewissen sind an sich nicht zu trennen. Jeder erwachsene Mensch verfügt über beide und es ist noch nicht widerlegt, ob das autoritäre Gewissen nicht die Voraussetzung zur Bildung des humanistischen ist.

Wenn jedoch das Gewissen in einer strengen, unerschütterlichen, vom Verstand her nicht erreichbaren Autorität gründet, kann die Entwicklung des humanistischen Gewissens fast ganz unterbunden werden.

Der Mensch lebt dann in Abhängigkeit von Mächten (und Meinungen), die außerhalb seiner selbst liegen. Damit läuft er Gefahr, sich für sein eigenes Geschick nicht verantwortlich zu fühlen, „die anderen sind schuld". Ihm ist nicht mehr an einer autonomen Gewissensbildung gelegen – sie würde ihm sogar angst machen – ihn interessiert nur die Billigung oder Mißbilligung der Mächte, von denen er abzuhängen meint (Chef, Partei, Kirche, Führer etc.)[2].

[1] Aus Remplein, Heinz: „Die seelische Entwicklung des Menschen im Kindes- und Jugendalter". Ernst Reinhardt-Verlag, München, Basel, 13. Aufl. 1965, S. 514 ff

[2] Aus Fromm, Erich: „Psychoanalyse der Ethik". Deutscher Taschenbuch-Verlag, München 1982, S. 114 ff

lich nur daheim zum Essen und Schlafen – wollte seinem Freund das Radfahren beibringen. Sein eigenes Rad war – wie üblich – nicht zu gebrauchen. Also „entlieh“ er sich Vaters Rad.

Wie es das Unglück wollte, irgendetwas ging beim Üben am Rad kaputt, genau weiß ich's nicht mehr.

Mein Bruder bekam es mit der Angst zu tun und stellte es, ohne etwas zu sagen, und ohne daß Vater es merkte, in die Garage zurück. Niemand von uns hätte wahrscheinlich etwas gemerkt, denn Vater fuhr nur noch selten Rad, aber mein Bruder benahm sich in der folgenden Zeit so ruppig und frech, daß er uns echt nervte. Jeder von uns schimpfte mit ihm oder ging ihm aus dem Weg. Schließlich brachte er eines Tages mit seiner Frechheit unsere Mutter zum Weinen und da riß Vater die Geduld und er haute dem Bengel eine runter.

Ein Tränenstrom und mein Bruder klammerte sich an Mutter fest und schluchzte herzzerbrechend.

Unsere feinfühlige Mutter bekam es schnell heraus, daß die betonte Frechheit ihres Sprößlings die „Stimme“ seines schlechten Gewissens war, das ihm keine Ruhe ließ. Weil er selbst wohl nicht den Mut hatte, seinen Fehler einzugestehen, „veranlaßte“ er seine Familie, ihn zu bestrafen und das trat nach seiner kindlichen Erfahrung immer dann ein, wenn er besonders frech war. Nach dieser Geschichte war er – jedenfalls für die nächste Zeit – ein recht brauchbarer Junge. Man merkte ihm die Erleichterung über sein „Geständnis“ ordentlich an.

2. Eine Bildgeschichte zwischen Mutter und Tochter

Die US bittet die LL zusammenzufassen, zu welcher Erkenntnis sie insgesamt durch die Darstellung der einzelnen Situationen gekommen sind.

Mögliches Ergebnis:
Wichtig ist die Einsicht, daß die Ausdrucksformen des schlechten Gewissens und der Gewissensentlastung nicht immer auf den ersten Blick als solche erkennbar sind, weil besonders der Erwachsene bestrebt ist, sein „Gesicht" zu wahren, wenn er Unrecht getan hat.

Wichtig ist auch die Erkenntnis, daß normalerweise jeder Mensch begangenes Unrecht wieder gutmachen möchte. Davon sollten wir im täglichen Umgang miteinander stets ausgehen. Wir meinen, daß die Akzeptanz dieser Erkenntnis besonders für uns wichtig ist, die wir in der Erwachsenenbildung und in Leitungsfunktionen tätig sein wollen.

Abschließend schreibt die US an die **Tafel:**

– Zerknirschung – Reue – Bekenntnis – Wiedergutmachung	der klassische Viererschritt des Gewissens von der Verfehlung bis zur Entlastung

Die US informiert die LL darüber, daß in den christlichen Kirchen dieser Viererschritt zur Gewissensentlastung des vor Gott schuldig gewordenen Menschen gehört, daß dieser Viererschritt aber durchaus auch im alltäglichen Miteinander beobachtet werden kann.

Er sei ja auch in den einzelnen Darstellungen der LL zu entdecken gewesen, wie diese es selbst in ihrer abschließenden Zusammenfassung angedeutet hätten.

Nachdem sich die LL grundlegend mit dem Thema „Das Gewissen und seine Art zu ‚reden'" beschäftigt haben, setzen sie sich in der folgenden Unterrichtsstunde mit Gewissensnöten auseinander.

Unter der Fragestellung „Gewissensnöte in den Evangelien – wie geht Jesus mit den Betroffenen um?" vertiefen sie sich (Gruppenarbeit) in ausgewählte biblische Geschichten mit dem Ziel, daraus gedankliche Konsequenzen für das eigene Führungsverhalten zu ziehen.

Die LL erhalten von der US folgenden **Arbeitsbogen**:

Ausgewählte biblische Geschichten, in denen Menschen mit unterschiedlichen Gewissensnöten vorkommen:

Matth. Ev.	Kap. 26	14–16	Verrat und
		20–25	Ende
	Kap. 27	1– 5	des Judas
Mark. Ev.	Kap. 10	17–22	Der reiche Jüngling
Luk. Ev.	Kap. 19	1–10	Zachäus
	Kap. 22	54–62	Petrus verleugnet
Joh. Ev.	Kap. 21	15–17	Jesus
	Kap. 8	3–11	Jesus und die Ehebrecherin
	Kap. 20	24–19	Thomas

Aufgabenstellung

- Wählen Sie bitte in Ihrer Kleingruppe (bis 4 Teilnehmerinnen) eine der angegebenen Geschichten aus.
- Überlegen und beschreiben Sie gemeinsam

- Worin besteht die Gewissensnot dessen, dem Jesus begegnet? (Frage 1)
- Wie geht Jesus auf diese Not ein und wie reagiert der Betroffene? (Frage 2)
- Welche gedanklichen Konsequenzen können Sie für sich selbst und Ihre spätere Aufgabe daraus ziehen? (Frage 3)

Präsentation

– Lesen Sie anschließend der Gesamtgruppe die Geschichte aus dem Evangelium vor oder erzählen Sie diese mit eigenen Worten.
– Stellen Sie dann Ihre Arbeitsergebnisse vor. Sie können die wichtigsten Schwerpunkte Ihrer Gruppenarbeit zur Veranschaulichung auf **OHP-Folien**, auf **Tapetenrolle** oder an die **Tafel** schreiben.

Kommentar

Die Voraussetzung für diese „Bibelarbeit" mit den LL ist
– ihre Bereitschaft zur Auseinandersetzung mit biblischen Texten,
– ein gewisses Maß an Vertrautheit im Umgang mit der Bibel.

Erfahrungsgemäß kommt es beim Umgang mit biblischen Texten zum Thema „Gewissensnöte" zu erstaunlichen Entdeckungen besonders dann, wenn die LL erkennen, daß Jesus häufig so ganz anders reagiert, als es die Menschen um ihn herum erwarten.

Über den möglichen Grund seines Handelns nachzudenken ist für sie meistens lohnend und hilfreich zugleich.

In etwa erwartete Ergebnisse,
dargestellt am Beispiel
Markus 10, 17–22 „Der reiche Jüngling".

Nacherzählung in eigenen Worten:

Jesus ist unterwegs mit seinen Jüngern. Da läuft ein Mann auf sie zu, fällt im Straßenstaub vor Jesus auf die Knie und fragt ihn: Guter Meister, was muß ich tun, um das ewige Leben zu ererben? – und ewiges Leben bedeutet für ihn Vollkommenheit vor dem Gott seiner Väter.

Jesus bleibt stehen und sagt: Warum nennst du *mich* gut? Nur Gott allein ist gut – und das Gutsein der Menschen besteht in Gottes Augen im Leben nach seinen Geboten:

Du sollst nicht töten, du sollst nicht ehebrechen, du sollst nicht stehlen, du sollst nicht falsch aussagen, heilige den Feiertag und ehre Vater und Mutter.

Aber der Mann, er muß jung gewesen sein, auch wenn davon in der Geschichte nichts steht, gibt sein Ideal nicht so schnell preis. Ihm ist das, was Jesus da fordert, nicht genug, es ist viel zu alltäglich. Er tut es ab: All das hab' ich seit meiner Jugend befolgt, es muß doch etwas darüber hinaus geben?!

Jesus sieht ihn an und hat ihn lieb. Ja, sagt er, es gibt für dich noch etwas darüber hinaus, eins fehlt dir noch zur Vollkommenheit: Gehe heim, verkaufe alles, was du besitzt und das Geld gib den Armen – damit wirst du einen Schatz im Himmel haben. Und wenn das geschehen ist, dann komm' und folge mir nach.

Den jungen Mann ärgert das, was Jesus da von ihm verlangt. Er kann es nicht; er besitzt einfach zu viel. Traurig geht er davon.

Zu Frage 1: Der junge Mann ist reich an materiellen Gütern und offenbar auch reich im Glauben. Er will gerne gut sein, vollkommen in Gottes Augen und es verlangt ihn nach einem Rezept, das ihm zur Vollkommenheit verhilft. Sein untadeliges Leben allein schafft das nicht. Dieses Gefühl des Nichtgenügens trotz aller Bemühungen, diese Ungewißheit ist die Not seines sensiblen Gewissens, die ihn zu Jesus treibt.

Zu Frage 2: Jesus sieht ins Herz des jungen Mannes und hat ihn lieb, aber bei allem Vertrauen, das dieser in ihn setzt – er muß den „guten Meister" zurückweisen. Gott allein ist gut. Damit stellt er sich neben ihn und weist auf den hin, der allein das geängstete Gewissen beruhigen kann. Jesus führt den jungen Mann auf vertrautes Gebiet: Hier kannst du in Gottes Augen vollkommen werden, hier hast du feste und sichere Maßstäbe, von Gott selbst gesetzt, die zum Leben führen, hier liegt deine lebenslange Aufgabe.

Aber für den jungen Mann ist das nichts Besonderes und Jesus spürt wohl auch: Dieser reiche Jüngling war ja nie in der Versuchung zu töten, zu stehlen, die Ehe zu brechen oder durch falsche Aussagen die eigene Haut zu retten, darum ist ihm all das nicht genug, darum will er das Opfer – zur Beruhigung seines Gewissens.

Aber der junge Mann begreift eigentlich nicht, was er da verlangt, auch nicht, daß ihn Jesus beim Wort nehmen und seinen Wunsch nach Vollkommenheit ernst nehmen wird. Und als er es begreift, merkt er, daß er diesen Weg doch nicht gehen kann.

Und wie dies in ähnlichen Situationen häufig geschieht, wenn jemand ernsthaft beim Wort genommen wird, so ist auch der junge Mann zunächst zornig über diese Zumutung und dann traurig, weil er spürt: Das ist *mein* Weg zur Vollkommenheit, aber ich kann ihn nicht gehen, er ist mir (noch?) zu schwer. So muß er – belastet mit seiner Gewissensnot – weiterleben.

Zu Frage 3: Die Gewissensnot dieses jungen Mannes heißt: Das kann doch nicht alles sein? Wo ist das Besondere, das ich für Gott tun will?

Hier ist das Besondere, sagt Jesus, es liegt nicht im Tun und Haben, nicht im Festhalten und Tonangeben, nicht im Befolgen des Gesetzes, es liegt für dich im Loslassen, im Wegschenken, im Sicheinordnen, in der Liebe zum Nächsten. Und der junge Mann geht traurig fort, er bleibt in seinen Grenzen, der Ausbruch ins Besondere ist fehlgeschlagen. Und Jesus? Er tröstet nicht, holt ihn nicht zurück, läßt die Not als solche stehen, ermutigt nicht zum Kompromiß. Er hat den Weg gewiesen, gehen *wollen* muß ihn der junge Mann selbst, das ist seine Würde und zugleich seine Bürde.

Was gilt es für uns zu lernen?

- aufgeschlossen, hellhörig zu sein für die Gewissensnöte anderer,
- zusammen mit ihnen aufzuspüren, wo die eigentliche Not liegt,
- gemeinsam herauszufinden, wo schon eigene Ansätze zur Linderung der Gewissensnot vorhanden sind,
- Entscheidungshilfen aufzuzeigen, wenn der andere darum bittet,
- ohne Groll oder Verletztsein zuzulassen, wenn die Entscheidungshilfen nicht angenommen werden (können),
- hohe ethische Ideale des Gegenübers nicht einfach abzuwerten, sondern liebevoll und behutsam mit ihnen umzugehen... etc.

Nach Abschluß des Unterrichtes zum Thema „Gewissen“ bittet die US die LL zwei Gruppen zu bilden.

Die Einzelnen jeder Gruppe erhalten die Aufgabe, sich zuhause auf folgende Themen vorzubereiten (**AB**):

1. Gruppe: Schreiben Sie in Stichworten ein Erlebnis auf, aus dem hervorgeht, welche Personen und/oder Ereignisse Ihr Berufsgewissen geprägt haben.

2. Gruppe: Schreiben Sie in Stichworten auf, in welchen Situationen Sie an sich selbst oder anderen autoritäre und autonome Gewissensentscheidungen beobachtet haben und welche Konsequenzen sich daraus ergaben.

Ausgewählte Erlebnisse und Beobachtungen sollen dann zu Beginn des nächsten Unterrichtsabschnittes zum Thema „Berufsgewissen“ vorgetragen und mit den Erfahrungen der anderen verglichen werden. Die Auswahl der Beiträge treffen Sie bitte vor Beginn des Unterrichtes.

6.3 Berufsgewissen

Ziel

- Gemeinsam überlegen und klären, mit Hilfe welcher Personen und Ereignisse sich das eigene Berufsgewissen entwikkelt hat und in welchen Situationen es autoritär, in welchen es autonom führt.
- Erkennen und begründen, welchen Wert berufliche Idealnormen für den Krankenpflegeunterricht und die Pflegepraxis haben und wann sie zugunsten von Realnormen aufgegeben werden müssen. Beschreiben, was das Gewissen damit zu tun hat.
- Darstellen „ethischer Dilemmas“ in der Krankenpflege und gemeinsam überlegen, welche persönliche Gewissensentscheidung sie erfordern.
- Konfliktarbeit am Beispiel ausgewählter berufsspezifischer Situationen (Rollenspiel).
- Bejahen der Grenzen allgemeinverbindlicher Konfliktlösungen und Einsicht gewinnen in die Notwendigkeit vernünftiger Kompromisse.

6.3.1 Entwicklung und Reaktionen

Die US gibt den LL (Impuls-Kurz-Referat) einen Überblick über Teilthemen und Ziele der Unterrichtssequenz zum Thema „Berufsgewissen“. Anschließend liest sie ein **Gedicht**, das die LL auch auf einem **AB** erhalten:

„Ein jeder hat sein Gewissen,
sei er nun arm oder reich.
Und doch – wie wir alle wissen –
ist keines dem anderen gleich.
Das eine ruht noch in Frieden,
selbst an der Grenze von Schuld
ein anderes warnt ganz entschieden
und hat nicht ein Fünkchen Geduld.
Ein anderes quält und drängelt
ganz ohne ersichtlichen Grund
und wieder ein anderes gängelt
so wie der Herr seinen Hund.
Seit Kindesbeinen kennen
wir unser Gewissen gut,
wir können uns nicht von ihm trennen,
selbst, wenn es uns wehe tut.
Und auch in beruflichen Fragen
ist's Richtschnur für unser Tun,
so brauchte niemand zu sagen:
Hier kann ich nicht weiter – was nun?
Doch weil uns unser Gewissen
nur ganz persönlich berät,
so kann ich auch immer nur wissen
wie's hier mit mir selber steht.
Ich kann einen andern zwar fragen:
willst du dich entscheiden wie ich?
Doch dessen Gewissen wird sagen:
Nein, höre du lieber auf mich!
Und darum werden Konflikte
auch so verschieden gesehn.
Wie wäre es, wenn es uns glückte,
zu dieser Erkenntnis zu stehn?!“ (H.D. Abermeth)

Die LL lesen das Gedicht mit und tragen dann die ihrer Meinung nach darin enthaltenen wesentlichen Gesichtspunkte zusammen, die von der US an die **Tafel** geschrieben werden.

Mögliche Gesichtspunkte:

Gewissen: Jeder hat seines.
Keines gleicht dem des anderen.
Ist Richtschnur für persönliche und berufliche Entscheidungen.

Gewissensreaktionen Einzelner:
Können in bestimmten Situationen ganz unterschiedlich sein.
Daher ist auch das Empfinden und Lösen von Konflikten z.B. in einer Arbeitsgruppe bei den Einzelnen ganz unterschiedlich.

Appell: Diese Tatsache sollte im täglichen Miteinander berücksichtigt werden.

Kommentar

Die aus dem Gedicht herausgestellten Gesichtspunkte sind sozusagen die Quintessenz des folgenden Unterrichts und hier ganz besonders im Blick auf die Arbeit mit und an beruflichen Gewissenskonflikten.

Anschließend stellen die LL der ersten Gruppe mit ihrer Hausaufgabe exemplarisch einzelne Erlebnisse vor, in denen deutlich wird, welche Personen und/oder Ereignisse ihr Berufsgewissen nachhaltig geprägt haben. Die „Zuhörerinnen" machen sich für die nachfolgende Diskussion Notizen.

Mögliche Erlebnisse der LL:

Krankenhausaufenthalt als Jugendliche:

Die liebevolle Zuwendung der Schwestern hat mich in meinem Wunsch, Krankenschwester zu werden, bestärkt. Sie ist bis heute das Leitbild für mein eigenes Pflegeverhalten – auch wenn's mir nicht immer leicht fällt, ihm zu folgen...

Einsatz auf einer Gynäkologischen Station während der Ausbildung:

Mich hat es entsetzt, in welch beleidigender Art mit den sog. „Ledigen“ umgegangen wurde, die bei uns mit einem Abort lagen.

Das hat mich bewogen, mich ernsthaft mit den psychosozialen Problemen dieser Frauen zu beschäftigen. Vor der Weiterbildung habe ich fünf Jahre lang als Stationsschwester eine gynäkologische Station geleitet und habe mich besonders dieser Frauen angenommen.

Schikanen:

Von Haus aus dazu erzogen, stets meine Meinung zu vertreten, begegnete ich während meines ersten Stationseinsatzes in der Ausbildung einer Stationsschwester, die mich fortwährend schikanierte. Sie würde mich schon kleinkriegen, meinte sie. Sie hat mich nicht kleingekriegt, aber etwas hat sie bewirkt, nämlich, daß ich mich besonders gern der selbstbewußten jungen Schülerinnen annahm. Die Sch-Anleitung ist seitdem ein Steckenpferd von mir.

Vorbild:

Eigentlich wollte ich schon gleich zu Beginn meine Ausbildung abbrechen. Es wurde mir alles zu schwer und niemand war da, der mir half – meinte ich. Da bekamen wir eine neue Mitarbeiterin, Krankenschwester wie all die anderen, aber sie war körperbehindert. Irgendetwas war mit ihrer Hüfte, sie hinkte stark, trug Spezialschuhe und hatte oft Schmerzen. Doch so etwas Lebensbejahendes habe ich danach nie wieder angetroffen.

Sie traf mich einmal, als ich heulend im Badezimmer der Station meine Augen kühlte. Obwohl mich alle anderen wegen meiner dauernden Unzufriedenheit mieden, sie nahm mich in den Arm, wiegte mich wie eine Mutter ihr Kind und sagte: Mußt Dich nicht so wichtig nehmen, ’s gibt so viel Schönes in Deinem Leben und auch im Beruf, Du mußt es nur finden wollen.

Ich habe dieser Schwester dann buchstäblich aus „der Hand gefressen“. Sie ist mir bis heute ein Vorbild in der Überwindung des Selbstmitleids. etc.

Kommentar

Den LL wird nach diesen Erlebnisberichten erneut bewußt, wie stark die Entwicklung des Berufsgewissens von frühen prägenden Erfahrungen in ihrer Berufslaufbahn abhing, und wie diese z. T. bis heute ihre ethischen Entscheidungen beeinflussen. Dies zu wissen und zu akzeptieren ist besonders für die Vorbildfunktion wichtig, die ihnen nach Beendigung der Weiterbildung von denen zugeschrieben wird, die ihre Schülerinnen und Mitarbeiterinnen sein werden.

Nachdem die erste Gruppe ihre Aufgabe gelöst hat, nimmt die zweite zu dem von ihr bearbeiteten Thema (Hausaufgabe) Stellung.

Auch diese Gruppe hat zuvor entschieden, welche ihrer Beiträge exemplarisch zur Diskussion gestellt werden sollen.

Während der Berichte machen sich die „Zuhörerinnen" für die nachfolgende Diskussion Notizen.

Thema

Beobachtungen von autoritär und autonom (humanistisch) gelenkten Gewissensentscheidungen im Krankenpflegeberuf.

Mögliche Beiträge

Eine der LL trägt zunächst vor, was alle LL ihrer Gruppe gleicherweise während der Bearbeitung des Themas herausgefunden haben:

1. In stark druck- und angstbesetzten Situationen neigt unser Gewissen dazu, „kollektive" Entscheidungen zu treffen oder auch solche, die die „Autoritäten" erwarten könnten.
2. Wenn uns etwas sehr am Herzen liegt, dann haben wir meist auch die Kraft zu autonomen (humanistischen) und damit kreativ-produktiven Gewissensentscheidungen. Wir können dann auch die strafenden Reaktionen anderer besser aushalten.

Erstes Beispiel

Frau M. 88 Jahre alt soll ins Pflegeheim verlegt werden. Schwester Karin (SK), Zweitschwester, und Schwester Sabine (S.Sa) Schülerin im 5. Sem. unterhalten sich im Stationszimmer über die geplante Verlegung.

SK 1: Man sollte doch dreinschlagen, Frau M. ins Pflegeheim! – da ist sie doch total allein, so weit weg, wie das von ihrem Zuhause ist!
Wir haben sie so gut hingekriegt hier bei uns. Der Stationsarzt muß doch wissen, welche Angst Frau M. vor dem Pflegeheim hat. Ich hab' ein richtig schlechtes Gewissen.

S.Sa 1: Ich auch, Frau M. tut mir so leid. Ich war gestern bei Dr. G. und hab' ihm einfach gesagt, daß Frau M. nicht so weit weg verlegt werden darf, weil ihr Mann sie da nicht besuchen kann. Dr. G. war zuerst ungehalten, aber dann hat er mir versprochen, nochmals die Sozialarbeiterin einzuschalten.

SK 2: Sie haben vielleicht Mut! Als Schülerin hätte ich mir das nicht herausgenommen, ich hätte keine Lust gehabt, mir die Sympathie des Stationsarztes zu verscherzen.

S.Sa 2: und jetzt?

SK 3: Ach was, jetzt! – Jetzt bin ich für mehr Patienten verantwortlich als nur für Frau M. Der Arzt muß schließlich wissen, was er tut...

Zweites Beispiel

Im Stationszimmer: Pfleger K. (PK) schluckt eine Kopfschmerztablette, die er aus dem Medizinschrank der Station genommen hat. Schwester Ella (SE) und Schwester Gerda (SG) sind dabei.

SE 1: Guten Appetit, hoffentlich hilft's

PK 1: Danke – scheußlich diese Kopfschmerzen!

SG 1: Sie brauchen oft Tabletten, dürfen Sie die denn einfach so nehmen?

PK 2: Natürlich, was soll ich denn sonst tun?

SG 2: Sich welche auf Rezept kaufen.

PK 3: Ach ne, warum denn, hier ist doch alles griffbereit.

SE 2: Find' ich auch, tun doch alle.

SG 3: Ich nicht, das gehört uns doch gar nicht!

SE 3: Na und, wem schadet's denn?!

Drittes Beispiel

Frau S. (FS) sitzt im Bett und weint. Schwester Gudrun (SG) steht bei ihr und spricht tröstende Worte. Dabei schaut sie verstohlen zur Uhr. Schließlich sagt Frau S:

FS 1: Ach, Schwester, gehen Sie nur, Sie haben so wenig Zeit, ich merk's schon, ich will Sie auch nicht aufhalten.

SG 1: Na ja – ich muß wirklich weiter, sonst kriege ich Schimpfe.

FS 2: O nein, das will ich nicht! Ich nehme mich schon zusammen.

SG 2: Nein, so traurig kann ich Sie einfach hier nicht sitzen lassen. Die Schimpfe muß ich dann halt ertragen. Frau S., womit kann ich Ihnen helfen?

In der anschließenden Diskussion wird von den „Zuhörerinnen" aufgezeigt und begründet, wo in den drei Beispielen autoritäre und wo autonome Gewissensentscheidungen getroffen wurden.

Kommentar

Auf dem Hintergrund der dargestellten Beispiele aus dem Krankenpflegealltag können die LL für sich überprüfen, welche Gewissensentscheidung sie selbst getroffen hätten und warum.

In der gemeinsamen Auseinandersetzung mit der Thematik kommt es bei ihnen in der Regel auch zu einer Selbsteinschätzung, die hilfreicher ist, als jeder noch so gut gemeinte Appell an ihr Gewissen.

Die US schreibt an die **Tafel**: „Vom Nutzen des schlechten Gewissens (im Beruf)"

Sie läßt den Satz kurz auf die LL einwirken und bittet sie dann, sich spontan (Brainstorming) dazu zu äußern. Die Spontanäußerungen der LL ordnet sie unter zwei Schwerpunkten an der Tafel.

Mögliches Tafelbild:

Die US veranschaulicht die Tafelbeiträge mittels vorbereiteter **Folienzeichnungen** (M 11 und 12; s. S. 126/127) und kommentiert sie. Dabei bezieht sie aber auch die spontanen Kommentare der LL mit ein.

Kommentar

Einerseits dienen die Folienbilder der veranschaulichenden Zusammenfassung der an der Tafel stehenden LL-Beiträge, andererseits geben sie aber auch weiterführende Denkanstöße für den folgenden Unterricht, weil sie auf die Ressourcen aufmerksam machen, die durch „schlechtes Gewissen" geweckt werden können.

M 11

Autoritäres schlechtes Gewissen:

macht
stumme Lastträger
oder

Gewissenstrümmer
werden "begrünt" durch
Anpassung: "Alle
machens so!" = Ruhe
oder

Gewissenstrümmer
erschlagen
Folge: innere und
äußere Berufsabkehr

M 12

6.3.2 *Zwischen beruflichen Ideal- und Realnormen*

Im folgenden Unterrichtsabschnitt überlegen die LL zusammen mit der US, warum es das Berufsgewissen von Krankenschwestern häufig so schwer hat, zwischen beruflichen Ideal- und Realnormen nicht zerrieben zu werden.

Die LL erhalten einen **AB** folgenden Inhalts „Aktuelle Erwartungen und Ansprüche (Idealnormen) an die Krankenpflege"[1]:

---

[1] Ruf, Peter: Krankenpflege zwischen Erwartungen und Möglichkeiten, aus Die Schwester – der Pfleger, Heft 7/87, S. 561 ff.

1. *von seiten der Gesellschaft*
   Krankenpflege hat zu sein
   – präsent (stets gegenwärtig),
   – fachlich kompetent und korrekt,
   – human (christlich),
   – kostengünstig.

2. *von seiten der Patienten*
   Krankenpflege soll
   – Geborgenheit vermitteln,
   – Hilfestellung geben zur Genesung und zur gesunden Lebensführung,
   – friedliches, würdiges Sterben ermöglichen.

3. *von seiten der Ärzte*
   Krankenpflege hat in erster Linie
   – für den Arzt präsent zu sein,
   – ihn bei Diagnostik und Therapie zu unterstützen,
   – im Bedarfsfall ärztliche Tätigkeiten auszuführen,
   – für eine reibungslose, arztorientierende Organisation zu sorgen.

4. *von seiten des Krankenhausträgers*
   Krankenpflege hat
   – wirtschaftlich zu arbeiten,
   – den Ansprüchen des Benutzers (Patienten) zu genügen,
   – für eine reibungslose, verwaltungsorientierte Organisation zu sorgen.

5. *von seiten der Krankenpflegeschule (Ausbildung)*
   Krankenpflege soll
   – Zeit und geeignete Fachkräfte für die praktische Ausbildung bereitstellen,
   – fachliches Wissen und patientenorientiertes Verhalten vermitteln,
   – unter Berücksichtigung der geltenden Gesetze und Tarifbestimmungen dem Ausbildungsantrag nachkommen.

6. *von seiten der Pflegenden selbst*
Krankenpflege soll
- sich an den Bedürfnissen der Patienten orientieren, nicht an den Erwartungen anderer Berufsgruppen im Krankenhaus,
- fachkompetent und korrekt erfolgen, deshalb ist ständige Fort- und Weiterbildung erforderlich,
- gemäß ihrer hohen Verantwortung eine angemessene Bezahlung garantieren.

Die LL werden gebeten, den auf dem **AB** zusammengestellten Idealnormen für die Krankenpflege Realnormen gegenüberzustellen und danach folgende Fragen zu beantworten:

- Worunter leidet Ihr Berufsgewissen am stärksten? Warum?
- Welche Möglichkeiten der Gewissensberuhigung und -entlastung haben Sie bereits ausprobiert?

Die LL bilden drei Gruppen, von denen je eine zwei Schwerpunkte des AB's überprüft, bearbeitet und die gestellten Fragen zu beantworten versucht.

Die Gruppenergebnisse werden stichwortartig auf **OHP-Folien** geschrieben, im Plenum vorgestellt und diskutiert.

Ein mögliches Beispiel aus den Arbeitsgruppen:

Gruppe 1

Aktuelle Erwartungen und Ansprüche an die Krankenpflege von seiten

1. der Gesellschaft	2. der Patienten
Krankenpflege hat zu sein: – präsent, – fachlich kompetent und korrekt, – human (christlich), – kostengünstig.	Krankenpflege soll: – Geborgenheit vermitteln, – Hilfestellung geben zur Genesung und zur gesunden Lebenführung, – friedliches und würdiges Sterben ermöglichen.

IDEALNORMEN

REALNORMEN

Das Pflegepersonal:
- ist häufig überlastet durch zu gering berechnete Stellenpläne und/oder unbesetzte Planstellen,
- muß in steigendem Maße mit unqualifiziertem, angelerntem Personal arbeiten,
- steht unter Beweiszwang (Dokumentation) pflegerischer Effizienz bei anwachsender Beanspruchung durch berufsfremde Arbeit (ärztliche, administrative und Tätigkeiten für verschiedene Funktionsbereiche, besonders an Feiertagen, Wochenenden u. täglich nach 16. Uhr)
- ist zum großen Teil noch in ein funktionelles Pflegesystem eingebunden mit einseitiger Ausrichtung auf akkurate Erledigung einzelner Tätigkeiten ohne oder nur mit zufälligem Bezug zur Situation des Patienten,
- steht einem rasanten Fortschritt von Diagnostik, Therapie, Medizintechnik und EDV gegenüber, der mit den Zielen einer umfassenden, individuellen Pflege kaum oder gar nicht vereinbar ist,
- hat trotz der hohen Ansprüche nur ein geringes Ansehen in der Gesellschaft und keine Lobby,
- leidet zum großen Teil unter mangelndem beruflichen Selbstbewußtsein,
- ringt um eine klare Darstellung seines Berufsbildes und um ein einheitliches Pflegeverständnis etc.

Erste Frage: Worunter leidet Ihr Berufsgewissen am stärksten? Warum?

Mögliche Antworten der Gruppe:

- Am stärksten leiden wir unter unserem ambivalenten Berufsverständnis. Einerseits verstehen wir unter Krankenpflege die unmittelbare Pflege des Patienten. Wir wünschen uns, ihn zu pflegen, zu betreuen, ihm in seiner Hilfsbedürftigkeit beizustehen, ihn im Sterben zu begleiten. Andererseits wünschen wir uns aber auch, den Arzt zu unterstützen, ja, wir sind sogar stolz darauf, ärztliche Tätigkeiten perfekt ausführen zu können. Und dann kommt noch hinzu, daß auch die Krankenhausverwaltung, die einzelnen Funktionsbereiche und die Angehörigen der Patienten uns vieles zutrauen und darum auch viel von uns fordern. Wir schimpfen zwar darüber, aber wir können uns (noch) nicht dagegen wehren, weil's halt immer so war.

So haben wir eigentlich meist ein schlechtes Gewissen:

Es ist uns nicht möglich, allem gerecht zu werden, aber wir können auch nicht „nein" sagen, jedenfalls nicht so, daß es uns die anderen abnehmen.

Unser schlechtes Berufsgewissen kommt letztlich aus der Frage: Wo eigentlich fängt Krankenpflege an und wo hört sie auf?

Wir leiden auch darunter, daß wir so schlecht erklären können, was Pflege bedeutet.

Der Patient sagt: Pflege? Alles, was meinem Gesundwerden und meinem Wohlbefinden dient.

Seine Angehörigen: Pflege? Alles, was uns hilft, mit unserem Kranken und seiner Krankheit richtig umzugehen.

Der Arzt: Pflege? Alles, was der Diagnostik, Therapie und Forschung dient.

Die Krankenhausverwaltung: Pflege? Alle Tätigkeiten beim Patienten, die abgerechnet werden können.

Und wir selbst: Pflege?

- Kranken-Pflege?
- Angehörigen-Pflege?
- Arzt-Pflege?
- Verwaltungs-Pflege?

Denn sie alle sagen doch: Was Pflege ist, bestimme ich!

Was aber sagen wir?

Solange wir hier keine sichere Antwort haben, werden wir in unserem Pflegeverhalten unsicher sein, wird unser Gewissen uns zusetzen. etc.

Zweite Frage: Welche Möglichkeiten der Gewissensberuhigung und -entlastung haben Sie bereits ausprobiert?

Mögliche Antworten der Gruppe

- Wir haben z.B. auf Krankenpflegetagungen und -kongressen erfahren, daß unser Problem ein internationales ist.

- Wir lernen miteinander, Pflege zu definieren.
- Wir lernen miteinander, überhöhte Idealnormen als solche zu erkennen und vernünftige Realnormen zu entwickeln.
- Wir versuchen aber auch herauszufinden, welche Werte von der traditionellen in die moderne Krankenpflege übernommen werden können und müssen.
- Wir lernen es (mühsam), begründet und qualifiziert „nein" zu sagen. (Hier pocht unser Berufsgewissen noch sehr stark, ja es quält uns geradezu, wenn wir uns durch unser Nein Wohlwollen verscherzen).
- Wir lernen neue Pflegestrategien kennen und sind dabei, sie einzuüben, z. B. Pflegedokumentation und -planung.
- Wir versuchen, die unterschiedlichen Pflegemodelle aus dem In- und Ausland miteinander zu vergleichen und eigene zu entwickeln.
- Wir bemühen uns – einzeln und in Gruppen – um Intensivierung der Zusammenarbeit, der kontinuierlichen Information, des berufspolitischen Engagements.
- Wir versuchen bewußt, uns selbst gern zu haben und Arbeit vom Privatleben zu trennen.
- Wir sind dabei, die eigenständigen und die weisungsgebundenen Elemente unseres Berufs herauszuarbeiten, kurz, wir sind eigentlich dabei, dem Krankenpflegeberuf in unserer Zeit Gesicht und Stimme zu geben, so wie das auch unsere Vorgängerinnen in ihrer Zeit getan haben... vielleicht sind wir damit ein bißchen spät dran?! etc.

Anschließend faßt die US (Kurzreferat) das bisher Erarbeitete zusammen. Sie macht den LL Mut zum Literaturstudium über Fragen der Berufsethik im Wandel der Geschichte. Sie betont, daß in der geschichtlichen Rückschau sehr gut zu erkennen sei, wie sich berufliche Idealnormen ständig wandeln mußten, um der jeweiligen Realität zu entsprechen. Wie aber die „Mütter der Krankenpflege" stets darüber gewacht hätten, daß gewachsene Werte und Normen nicht einfach fallengelassen würden, ohne daß neue an ihre Stelle gesetzt werden konnten.

Sie weist darauf hin, daß Idealnormen in jeder Krankenpflegegeneration zur beruflichen Zielsetzung unentbehrlich seien. „Ein Berufsstand ohne Ideale, der sich nur noch an der Realität orientiert", betont sie, „ist ein sterbender Berufsstand ohne Hoffnung."

6.3.3 Konfliktarbeit

Im folgenden Unterrichtsabschnitt stehen konkrete berufliche Konfliktsituationen und das gemeinsame Erarbeiten von Konfliktlösungen im Mittelpunkt.

Die US hat für die LL einen **AB** vorbereitet, dessen Inhalt in Stichworten auch auf einer **OHP-Folie** erscheint.

Nach kurzer Einführung durch die US wird das auf der OHP-Folie und den AB dargestellte Konfliktbeispiel zunächst in der LL-Gruppe diskutiert.

Kommentar

Als Einstieg in den Unterricht zu einem sehr komplexen, stark meinungsbildenden Thema gibt die US mittels eines Konfliktbeispieles den LL Impulse zum Nachdenken und Diskutieren. Sie möchte die LL anregen, ethische Berufskonflikte nicht nur emotional, sondern sachbezogen auf dem Hintergrund realer, berechtigter Forderungen zu beurteilen. Sie sollen im Blick auf ihre spätere Unterrichts- und Leitungsfunktion zu einer möglichst nüchternen Einschätzung beruflicher Konfliktsituationen und zu einer sachlichen Beratung ihrer Schülerinnen und Mitarbeiterinnen fähig werden.

In der folgenden Unterrichtsphase versuchen die LL in Kleingruppen die Konfliktfrage (M 13; s. S. 134) zum Thema „Meine Entscheidung über Mitwirken oder Nicht-Mitwirken bei Abtreibungen“ zu beantworten.

Sie erhalten zusätzlich als Leitfaden einen **AB**, auf dem die vier Schritte des Problemlösungsprozesses in Form von Fragen angegeben sind.

Nach der Gruppenarbeit stellt eine der Kleingruppen exemplarisch vor, was sie erarbeitet hat. Das Ergebnis wird in der Gesamtgruppe diskutiert und inhaltlich ergänzt.

Kommentar

Das Ziel dieser Kleingruppenarbeit liegt:
- im Erkennen und konkreten Darstellen des ethischen Problems,
- in der Suche nach möglichen Problemlösungen,
- im Beurteilen getroffener Entscheidungen.

M 13: Arbeitsbogen/Folie zum Thema „Ziviler Ungehorsam in der Krankenpflege"[1]

Definition

„Ziviler Ungehorsam" bedeutet: Aus Gewissensgründen die Mitwirkung an Handlungen verweigern, die vom Gesetz her erlaubt sind oder gefordert werden.

Beispiel:
Eine Krankenschwester kann sich aus religiösen oder moralischen Gründen weigern, bei Abtreibungen mitzuwirken. Sie muß hier nicht mit dem Gesetz kooperieren.

Konsequenzen:

- Abtreibungen finden trotzdem statt.
- Die Weigerung einer Person kann die widerwillige Mitwirkung einer anderen zur Folge haben, weil es jemand tun *muß*.
- Die Abtreibung verschwindet nicht dadurch, daß sie von einzelnen Krankenschwestern abgelehnt wird.
- Bei jeder Abtreibung geht es immer um *zwei* Leben, das des Kindes und das der Mutter.

Konfliktfrage

Was ist richtig – mitzuwirken oder abzulehnen?
(Vor der Beantwortung und endgültigen Entscheidung ist die Klärung der eigenen Position wichtig. Hierbei können die Schritte des Problemlösungsprozeß' maßgeblich helfen.)

---

[1] Den Ausführungen auf diesem und dem folgenden AB liegt zugrunde: Verena Tschudin: Ethik in der Krankenpflege. Basel 1988, S. 119 ff.

Es handelt sich beim Thema „Abtreibung" sowohl um ein sehr persönliches als auch um ein allgemeines ethisches Problem, das in den seltensten Fällen von einer Schwester allein gelöst werden kann und soll.

Die persönliche Seite des Problems beruht vielfach auf der Frage an das christliche Gewissen: Darfst du mithelfen, Leben zu vernichten, von dem du nicht weißt, was Gott mit ihm vorhat?

Die allgemeine Seite des Problems liegt darin, daß auch nach der persönlichen Entscheidung der einzelnen Schwester das Problem nicht aus der Welt geräumt ist: Das Leben wird vernichtet. Weil ethische Probleme in der Krankenpflege immer diese zwei Seiten haben, ist die Auseinandersetzung mit ihnen sowohl die Sache des Einzelnen als auch der Gruppe, denn auch die Einzelentscheidung muß letztlich von der Gruppe getragen werden.

Die Kleingruppen sollen aus maximal 3 Teilnehmerinnen mit der gleichen Einstellung zum Problem „Mitwirken bei Abtreibungen" bestehen. Die gleiche Einstellung ist deshalb wichtig, weil bei kontroverser Einstellung die Bearbeitung der Fragen wegen der unvermeidlich einsetzenden „Überzeugungs-Diskussion" nicht nur schwierig, sondern auch unnötig zeitraubend wäre.

Der Diskussion wird anschließend im Plenum genügend Zeit eingeräumt.

Beispiel eines von einer Kleingruppe ausgefüllten Fragebogens

Meine Entscheidung über Mitwirken oder Nichtmitwirken an Abtreibungen

Fragen nach dem Problemlösungsprozeß[1]

1. *Wie schätze ich selbst die Situation ein?*
   (Erkennen und Darstellen des Problems)
   Warum bin ich dagegen?
   Ich bin dagegen, weil ich mich nicht an der Tötung eines Menschen beteiligen kann.

---

[1] Aus Raumgründen ist der AB gleich mit den LL-Antworten kombiniert. Die Fragen des AB's sind kursiv geschrieben.

War dies immer so?
Ich glaube schon. Ganz bewußt ist es mir aber erst geworden, nachdem ich den Film „Ein Leben entsteht“ gesehen habe. Seitdem weiß ich, daß bei jeder Abtreibung ein Menschenleben vernichtet wird.
Was wird mir meine Weigerung beruflich einbringen?
Eins ist sicher, auf einer gynäkologischen Station werde ich nie arbeiten. Insofern habe ich noch keine Schwierigkeiten gehabt.
Ist der Grund meiner Weigerung so stark, daß er schwerer wiegt als alle anderen Überlegungen?
Ja, jedenfalls bis heute.

2. *Welche Konsequenzen ergeben sich aus der Problemdarstellung?*
(Gedankliche Planung)

Kann ich mit meinem Gewissen, (meinem Glauben) leben, wenn ich mich weigere?

Grundsätzlich ja – ich habe mich ja aus Gewissensgründen für die Weigerung entschieden. Mit meinem Glauben habe ich da mehr Probleme, weil ich diejenigen innerlich ablehne, die abtreiben lassen und die Abtreibungen durchführen. Ich kann das nicht verzeihen – und müßte es doch.

Welche Werte sind mir wichtiger als andere – warum?

Der Wert menschlichen Lebens steht für mich an erster Stelle. Leben ist für mich so etwas Einmaliges, daß ich es bis heute als das größte Wunder empfinde, selbst Leben zur Welt bringen zu können, zu leben und Leben zu bewahren. Daneben ist z. B. der Wert der individuellen Freiheit (mein Bauch gehört mir) für mich zweitrangig.

Wenn ich gegen meinen Willen schwanger würde, würde ich dann abtreiben lassen? Wenn nicht, weshalb?

Gegen meinen Willen? Spontan denke ich da an Vergewaltigung. Aber auch in Partnerschaft und Ehe passiert das ja, oder wenn die „Pille“ nicht funktioniert. So wie ich mich bis jetzt kenne, wäre ich auch dann gegen eine Abtreibung, ich würde versuchen, mich auf das werdende Leben zu konzentrieren – aber das ist jetzt sehr theoretisch. Eins weiß ich, wenn ich abtreiben lassen würde, das würde auch *mein* Leben tief treffen.

Bedeutet meine Weigerung, daß sich meine Mitschwester beteiligen muß? Wie gehe ich damit um?

Ich muß mich entscheiden und meine Mitschwester muß es auch. Meine Weigerung zwingt doch niemanden zur Mitwirkung bei einer Abtreibung.

3. *Wie entscheide ich mich?*
(Gedanken zur Durchführung)

Weigere ich mich?

Ja, das tue ich.

Weigere ich mich nicht?

...

4. *Wie ist es nach meiner Entscheidung?*
(Gedanken zur Überprüfung)

Bin ich erleichtert über meinen Entschluß?

Ich war sehr erleichtert, nachdem ich mich zur Weigerung entschlossen hatte.

Was ist besonders gut daran?

Daß ich es danach auch gelernt habe, weniger emotional und abwehrend zu argumentieren, wenn ich wegen meiner Weigerung angegriffen wurde.

Was bedrückt mich trotzdem?

Daß ich den werdenden Babies nicht helfen kann, am Leben zu bleiben, und daß ich so wenig Überzeugungskraft denen gegenüber habe, die über Abtreibungen reden, als seien es Warzenentfernungen.

Kann ich diese Entscheidung ein für allemal treffen? Warum – warum nicht?

Ja, das kann ich im Blick auf den Wert, der bei mir an erster Stelle steht – das menschliche Leben. Ich hoffe nicht, daß dieser Wert mir verloren geht. etc.

Im Anschluß an die Plenumsdiskussion beurteilen die LL, ob ein solcher Fragebogen mit den Schritten des Problemlösungsprozesses auch bei der Lösung anderer ethischer Berufskonflikte hilfreich sein kann.

Sie stellen beispielsweise fest:

- Der Fragebogen führt zu einer konkreten, sehr differenzierten und persönlichen Auseinandersetzung mit dem jeweiligen Konflikt.
- Er zwingt zur persönlichen Stellungnahme.
- Er macht deutlich, daß ethische Probleme eindeutig und spezifisch formuliert werden müssen, damit es zu realistischen Entscheidungen kommen kann.
- Die Arbeit mit einem solchen Fragebogen fordert, daß die Fragen auf das jeweilige Problem „zugeschnitten" sein müssen.

Die US faßt zusammen (Kurzreferat) und führt zum nächsten U-Schwerpunkt:

„Ethische Probleme, die zu Gewissenskonflikten führen – seien diese nun persönlicher oder beruflicher Art – sind stets einzigartig, weil sie nicht nur individuell erlebt, sondern auch gelöst werden müssen.

Daher verbieten sich fertige, allgemeingültige Lösungen von selbst. Vielmehr fordert jedes Problem Anteilnahme und ein sehr feines „Gehör". Nicht die schnelle Antwort, sondern das Zuhören ist hier in erster Linie gefragt, damit herausgefunden wird, wie dem Einzelnen zu einer ihm gemäßen Antwort verholfen werden kann.

Dies aber ist nur möglich, wenn jeder von uns seine eigenen Wertvorstellungen kennt, ehrlich zu ihnen steht und verantwortlich mit ihnen umgeht (vgl. 1. UE „Grundlegendes der Berufsethik").

Und gerade im Blick auf unsere beruflichen Wertvorstellungen kommt es gehäuft zu Gewissenskonflikten.

Wir haben zwar allgemeine ethische Grundregeln und Prinzipien in der Krankenpflege, die auch unser Berufsgewissen mit geprägt haben, doch ist die Gewichtung der Werte bei jedem von uns unterschiedlich.

Bei wem z.B. das menschliche Leben höchsten Wert besitzt, der kommt in Konflikt, wenn dieses angetastet wird.

Wem der Wert der Wahrheit das Höchste ist, der kommt in Konflikt, wenn z.B. den Patienten die Wahrheit vorenthalten wird usw. Es ist schon schwierig genug, solche „einfachen" Konflikte zu lösen, aber wie oft stehen wir in der Krankenpflege vor der ‚Wahl', uns zwischen zwei gleich schwierigen, eigentlich nicht akzeptierbaren Alternativen entscheiden zu müssen. Solche Konflikte werden heute in der Fachliteratur „Ethische Dilemmas" genannt.

Ein Beispiel

Eine junge Frau wird nach einem Suicid-Versuch im Krankenhaus wiederbelebt. Der Stationsarzt ordnet eine Überweisung in die psychiatrische Klinik an. Schwester B. soll bei der Patientin bleiben, bis der Krankenwagen kommt und sie dann auch in die psychiatrische Klinik begleiten. Als beide allein sind, bittet die Patientin Schw. B flehentlich darum, sie doch sterben zu lassen, ihr Leben sei die Hölle. Schw. B kennt die Lebensgeschichte der Patientin (sie hat bereits den 3. Suicidversuch unternommen) und weiß, daß sie nicht übertreibt. Schw. B steht mitten im sog. berufsethischen Dilemma. Einerseits möchte sie der Entscheidung der Patientin nicht im Wege stehen – sie fühlt, daß sie dazu kein Recht hat –, andererseits muß sie sie aber bewachen und in die Psychiatrie begleiten. Beides ist für Schw. B im letzten nicht akzeptabel – und doch muß sie sich für eines entscheiden."

Im letzten Unterrichtsabschnitt zum Thema „Berufsgewissen" betrachten die LL die 5 wichtigsten ethischen Prinzipien, die sowohl für das allgemeine als auch für das Berufsleben von Bedeutung sind.

Sie überlegen gemeinsam, welche ethischen Dilemmas z. B. in Pflege, Mitarbeiterführung, Unterricht und Erziehung auf dem Hintergrund dieser Prinzipien entstehen können und wie ihr Berufsgewissen mit den daraus erwachsenden Anforderungen fertig wird (wurde).

Die LL erhalten als Denkanstoß und Leitfaden einen **AB** (M 14; s. S. 140f) mit folgender Aufgabenstellung:

- Lesen Sie zunächst den AB insgesamt durch.
- Entscheiden Sie sich für die Bearbeitung eines der fünf Prinzipien.
- Stellen Sie fünf Kleingruppen zu je einem Prinzip zusammen.
- Nehmen Sie mit den Teilnehmerinnen Ihrer Kleingruppe Stellung zu den Fragen des von Ihnen gewählten Prinzips. Tragen Sie Ihre Stellungnahme dem Plenum vor.
- Stellen Sie ein berufsethisches Dilemma auf dem Hintergrund Ihres Prinzips vor dem Plenum im Rollenspiel dar.

Im Anschluß an die Rollenspiele werden Konfliktlösungen exemplarisch erarbeitet.

M 14: Ethische Dilemmas in der Krankenpflege auf dem Hintergrund allgemeiner ethischer Prinzipien[1]

1. *Das Prinzip vom Wert des Lebens*

Dieses Prinzip sagt aus:

Das Leben ist etwas Einmaliges, allen Gemeinsames, es ist die grundlegende Gabe, die alle Menschen bekommen. Diese Gabe ist unbedingt erhaltenswürdig. Dies kommt in den meisten bekannten Moralsystemen in dem Gebot zum Ausdruck: Du sollst nicht töten.

Fragen

- Gibt es nach Ihrer Meinung menschliches Leben, das nicht wertvoll und damit nicht erhaltenswürdig ist? – allgemein – in der Krankenpflege?
- Was sagt Ihr Gewissen dazu?
- In welchen Situationen entstehen für Sie ethische Dilemmas hinsichtlich dieses Prinzips?

2. *Das Prinzip des Richtigen und Guten*

Dieses Prinzip sagt aus,

daß derjenige, der vom Wert des menschlichen Lebens überzeugt ist, weiß, was gut und richtig ist, und daß er deshalb auch danach strebt:

- das Gute über das Schlechte zu stellen,
- weder Schaden noch Schlechtes willentlich zu tun oder zu veranlassen,
- Schaden und Schlechtes zu verhindern.

Fragen

Können Sie beschreiben,

- was für Sie das höchste „Gut“ Ihres Lebens ist?
- was für Sie richtige und gute Pflege/Betreuung ist?

---

[1] Nach J. P. Thiroux, 1980, aus: Ethik in der Krankenpflege, a. a. O. S. 42 ff.

- was es im Krankenpflegeberuf heißt: Das Gute über das Schlechte zu stellen und welche Konsequenzen dies haben könnte? (Bitte Beispiele bringen)

Was sagt Ihr Gewissen dazu, wenn Sie Schaden angerichtet haben?
In welchen Situationen entstehen für Sie ethische Dilemmas hinsichtlich dieses Prinzips?

3. *Das Prinzip der Gerechtigkeit und Fairneß (Anständigkeit)*

Dieses Prinzip sagt aus,

daß derjenige, der danach strebt, gut und richtig zu handeln, auch gerecht und fair mit anderen Menschen umgehen möchte.

Fragen

- Wo gibt es Beispiele in Pflege, Mitarbeiterführung, Unterricht, Erziehung, wo Sie Gutes und Richtiges leisten und doch nicht gerecht sein können?
- Was sagt Ihr Gewissen dazu, wenn Sie gerecht sein müßten, es aber nicht dürfen? (Bitte Beispiele bringen)
- In welchen Situationen entstehen für Sie ethische Dilemmas hinsichtlich dieses Prinzips?

4. *Das Prinzip der Wahrheit und Aufrichtigkeit*

Dieses Prinzip sagt aus,

daß Aufrichtigkeit die Grundlage aller Moral und die Grundlage jeder Gemeinschaft ist, weil Aufrichtigkeit (Echtheit) erst Vertrauen schafft.

Daß aber dieses Prinzip wohl am schwersten zu befolgen ist, weil Wahrheit und Aufrichtigkeit sich nicht immer als hilfreich erweisen (wenn z. B. die Liebe fehlt).

Vom Prinzip des Nicht-Schadens aus gesehen: Es kann schaden, die Wahrheit zu sagen, und es kann schaden, sie zu verschweigen.

M 14 (Fortsetzung)

Fragen

- Wann fällt es Ihnen in Ihrem Beruf besonders schwer, die Wahrheit zu sagen, aufrichtig zu sein?
- Was sagt Ihr Gewissen dazu, wenn Sie wahrhaftig/aufrichtig sein möchten, es aber nicht dürfen? (Bitte Beispiele bringen)
- In welchen Situationen entstehen für Sie ethische Dilemmas hinsichtlich dieses Prinzips?

5. *Das Prinzip der individuellen Freiheit*

Dieses Prinzip sagt aus,

daß Freiheit wie das Leben zum menschlichen Dasein gehören. Es sagt ferner aus, daß wir Freiheit brauchen, um Leben zu bewahren, das Gute und Richtige zu tun, gerecht und fair zu handeln und wahrhaftig/aufrichtig zu sein.

Wären wir in unserem Tun und Lassen nicht frei, gäbe es keine Moral. Doch muß die Freiheit, das moralisch Richtige zu wählen, sich im Rahmen der Regeln (Normen) bewegen, die von der jeweiligen Gesellschaft zu ihrem Nutzen festgelegt wurden.

Fragen

- Wo gibt es Beispiele in Pflege, Mitarbeiterführung, Unterricht, Erziehung, wo die individuelle Freiheit – die eigene und die der anderen – eingeschränkt ist oder werden muß?
- Was sagt Ihr Gewissen dazu, wenn Sie die individuelle Freiheit der Ihnen Anvertrauten gewahrt wissen möchten, es aber nicht dürfen?
- In welchen Situationen entstehen für Sie ethische Dilemmas hinsichtlich dieses Prinzips?

Kommentar

Es ist für die LL erfahrungsgemäß hilfreich, im „Schonraum" Schule, losgelöst von den Anforderungen der Pflegepraxis gemeinsam über Konfliktlösungen nachzudenken, diese zu formulieren und ggf. bisher unbewältigte Gewissenskonflikte aufzuarbeiten. Für einzelne LL ist es oftmals schon eine Erleichterung, mit Menschen über nicht bewältigte Probleme reden zu können, die das gleiche Berufsziel und weitgehend die gleichen Konflikterfahrungen haben – einfach um zu erleben, daß sie damit nicht allein stehen.

Nach der Gruppenarbeit werden die Stellungnahmen der LL zu den Fragen des jeweiligen Prinzips im Plenum vorgestellt und diskutiert. Die Schwerpunkte der Stellungnahmen werden während des Vortrags durch **OHP-Folien** veranschaulicht.

In etwa erwartete Beiträge, exemplarisch dargestellt am Prinzip der Gerechtigkeit und Fairneß:

Frage 1: Wo gibt es Beispiele in Pflege, Mitarbeiterführung, Unterricht, Erziehung, wo Sie Gutes und Richtiges leisten und doch nicht gerecht sein können?

Antwort am Beispiel Unterricht

Wenn ich selbst meinen Unterricht sorgfältig vorbereite und dann im Unterricht mein Bestes gebe und meine Kollegin macht das so „mit links" und ihr Unterricht gelingt trotzdem, ja, sie ist sogar beliebter bei den Schülerinnen als ich, dann fällt es mir schwer, sie fair und gerecht zu behandeln.

Ich möchte es zwar, weil ich sehe, daß sie Gutes leistet, aber mein Zorn über die „ungerechte" Verteilung der Begabungen ist häufig einfach stärker.

Frage 2: Was sagt Ihr Gewissen dazu, wenn Sie gerecht sein müssen, es aber nicht dürfen?

Antwort am Beispiel Unterricht

In der Erwachsenenbildung kommt es häufig zu dieser Situation.

Die LL können aufgrund ihrer unterschiedlichen Voraussetzungen wie Lebensalter, Schulbildung, Berufserfahrungen etc. nur sehr bedingt „gerecht" behandelt werden, wenn es um die schulische Leistungseinschätzung geht. Würde ich als Beurteilende nur „gerecht" sein im üblichen Sinne, so würden z.B. diejenigen das erste Vierteljahr der Weiterbildung zur Unterrichtsschwester und Pflegedienstleitung nicht überdauern, die lernmäßig erst langsam „anlaufen", dann aber genau so Gutes, wenn nicht Besseres, leisten wie die „Schnellen".

Mein Gewissen? Es rebelliert, wenn ich diesen Teilnehmerinnen keine Chance gebe, obwohl ich genau weiß, daß sie Chancen haben.

Frage 3: In welchen Situationen entstehen für Sie ethische Dilemmas hinsichtlich dieses Prinzips?

Antwort am Beispiel Unterricht

Für mich entsteht ein ethisches Dilemma dann, wenn sich die Lerngruppe insgesamt gegen diese „Gerechtigkeit" zur Wehr setzt und rein objektive Leistungsbeurteilungen fordert. Dann stehen auf der einen Seite die aus der Sicht der Gruppe gerechten Forderungen und auf der anderen die Einzelnen, die eine Chance brauchen, und ich muß mich für eine von beiden Seiten entscheiden. Stelle ich mich auf die Seite der Gruppe, entmutige ich die Einzelnen, stelle ich mich auf die Seite der Einzelnen, habe ich die Gruppe gegen mich. Beides ist schwer auszuhalten.

Dieses Beispiel stellt die Kleingruppe anschließend im Rollenspiel als Konfliktgespräch zwischen Lerngruppe und US in der Weiterbildung vor.

Die Rollenspiel-Konfliktgespräche der Kleingruppen insgesamt werden per **Video** aufgenommen und auswahlweise über den **Monitor** wiedergegeben.

Die Wiedergabe dient den LL zur gemeinsamen Erarbeitung von Konfliktlösungen.

Kommentar

Die Auswertung von Konfliktgesprächen mit dem Ziel der Erarbeitung von Konfliktlösungen ist von den LL erst dann zu leisten, wenn sie vorher die Regeln der Gesprächsführung (Einzel- und Gruppengespräche) kennengelernt und exemplarisch eingeübt haben. Ist dies noch nicht der Fall, so sollte vor Beginn der UE zum Thema „Berufsgewissen" den LL ein Gesprächsseminar angeboten werden. Dabei kann u.a. das Arbeitsbuch „Gespräche auf der Krankenstation"[1] eine Hilfe sein.

Mögliche Darstellung des Rollenkonfliktgespräches zum Prinzip „Gerechtigkeit und Fairneß". Es nehmen teil: Die US und ca. 10 LL als Weiterbildungslehrgang.

Die US kommt in die Klasse. Die Klassensprecherin (K) fragt im Namen der Gruppe:

K: Wir haben gehört, daß unsere Leistungen während der Weiterbildung nicht benotet werden, warum eigentlich nicht?

US: Weil es in der Erwachsenenbildung nicht gerecht wäre, nur nach Noten zu bewerten.

L1: Nicht gerecht? Nichts ist gerechter als das! Wenn ich in meiner Arbeit keinen Fehler gemacht habe, dann bekomme ich eben ein „sehr gut" und meiner Nachbarin, der geht's genau so, wenn sie das Glück hat.

US: Das ist bei Mathematikaufgaben sicher der Fall und z.B. beim Diktat, wo's um Rechtschreibung und Zeichensetzung geht, dafür gibt es festgelegte, allgemeingültige Regeln. Aber schon bei den Entwürfen für die Unterrichtsstunden und besonders bei der Facharbeit, die während der Weiterbildung von Ihnen geschrieben wird, entstehen Probleme mit der „gerechten" Beurteilung.

L2: Dann sollten Sie aber einen Kriterienkatalog erarbeiten, nach dem die schriftlichen und mündlichen Leistungen objektiv und gerecht beurteilt werden können, damit jeder sofort weiß, wie er leistungsmäßig steht und jeder seine Arbeiten mit denen der anderen vergleichen kann.

US: In der Erwachsenenbildung muß gelegentlich noch ein anderer Maßstab als nur der der Gerechtigkeit und Objektivität angelegt werden...

---

[1] Abermeth, Hilde-Dore: Gespräche auf der Krankenstation. Eine Unterrichtshilfe. Göttingen 1982.

L3: Na, da bin ich gespannt! Welche denn? Gibt es beim Nachweis von Leistungen etwas besseres als Gerechtigkeit?

L4: Vielleicht Menschlichkeit?!

Mehrere LL: brechen in Gelächter aus

L1: Du Traumtänzerin, wo gibts denn sowas, wenn 's um Leistung geht!

L4: (empört) Ich wäre in der Schule manchesmal froh gewesen, wenn der Lehrer unter eine mangelhafte Arbeit von mir geschrieben hätte: Was ist los mit Dir? oder wenn er mich wenigstens einmal selbst gefragt hätte.

L3: (lacht ironisch) Na, Du hast Vorstellungen! Was geht denn den Lehrer Dein Befinden an, wenn es um harte Fakten geht. Er darf sich ja gar nicht darum kümmern, wenn er gerecht sein will.

US: Wenn Sie mit Gerechtigkeit Vergleichbarkeit der Leistungen meinen, dann ist diese nur selten zu erreichen, und dies gilt besonders für Leistungen in der Erwachsenenbildung.

L3: (aggressiv) Das glaub' ich einfach nicht!

US: (will antworten, aber die Gruppe hört nicht mehr zu. Die LL fordern lautstark, daß ihre schriftlichen und mündlichen Leistungen während der Weiterbildung benotet werden, weil sie nur dadurch gerecht beurteilt werden könnten.)

Im Anschluß wird das Gespräch über den **Video-Monitor** wiedergegeben und von den LL aufmerksam beobachtet.

Sie notieren die für sie wesentlichen Gesprächsaussagen und erarbeiten dann gemeinsam im Rundgespräch,
- worin das ethische Dilemma für die US besteht,
- welchen Kompromiß sie mit der LL-Gruppe schließen muß.

In etwa mögliches Ergebnis des Rundgespräches:

Das ethische Dilemma für die US besteht darin, daß
- sie nicht nur für gerechte Beurteilung von Schulleistungen, sondern auch für Entfaltungsmöglichkeiten solcher Lehrgangsteilnehmerinnen sorgen will und muß, die das Lernen erst wieder lernen müssen;

– sie die Forderungen der Lehrgangsteilnehmerinnen nach Benotung ihrer Leistungen im Verlauf der Weiterbildung zwar versteht – weil ihnen diese Art der Einschätzung von Schule und Ausbildung her geläufig ist – daß sie ihre Forderungen aber nicht ohne weiteres erfüllen kann und will.

Auf dem Hintergrund dieses „Dilemmas“ wird ein zweites Gespräch zwischen der LL-Gruppe und der US geführt, in dem eine Kompromißlösung angestrebt wird.

In etwa möglicher Gesprächsverlauf:

US: Ich möchte das in der letzten Stunde abgebrochene Gespräch über die Art der Leistungsbewertung an unserer Weiterbildungsstätte wieder aufnehmen. Die Dringlichkeit Ihrer Forderung nach einer gerechten Notengebung ist mir sehr nachgegangen; das Problem steht noch unbeantwortet im Raum zwischen uns.

L1: Wir waren ehrlich ein bißchen geschockt darüber, daß Sie sich das so zu Herzen genommen haben. Wir wollten *Sie* doch nicht angreifen.

L2: Wir wollten Ihnen doch nur sagen, wie wir 's gern hätten.

L3: Wir?? – Wir sind uns doch überhaupt nicht einig!! Ich jedenfalls will keine Zensuren! Man kann nämlich gar nicht alle Leistungen so einfach zensieren – 1, 2, 3 – fertig! Unter einer Zensur müßte auch immer stehen, wie sie zustande gekommen ist – und das gilt besonders für individuell gestaltete Arbeiten, so wie wir sie hier ja meist anfertigen müssen.

L2: Bei einem „sehr gut“ wär' mir 's egal.
(Alle lachen)

US: Haben Sie schon einmal darüber nachgedacht, warum wir z. B. bei der Beurteilung Ihrer Facharbeit keine Noten geben, dafür aber ein individuelles Gutachten anfertigen?

L1: (spontan) Die sind doch überhaupt nicht miteinander zu vergleichen!

L4: Wieso denn das?

L1: Na, bei den unterschiedlichen Themen aus allen möglichen Fachbereichen! Da schreibt z. B. eine über die

Pflegeplanung, und eine andere bearbeitet ein Thema aus dem Strafrecht. Wie willst Du das miteinander vergleichen??

L4: Ach so... (denkt nach). Wäre es dann nicht besser, alle schrieben über ein bestimmtes von der Schule vorgegebenes Thema?

L1,2,3: Neiiin, bloß nicht, das macht doch dann überhaupt keinen Spaß mehr!

L4: Was wollt ihr eigentlich – Noten oder nicht? Alles könnt ihr doch sowieso nicht haben!

US: Doch, das ginge schon. Es gibt auch in der Erwachsenenbildung vergleichbare Leistungen.

Doch etwas müssen Sie grundsätzlich dabei bedenken: Erwachsene LL, besonders solche, die vorher jahrelang berufstätig waren, die das Lernen erst wieder lernen müssen, und die mit so unterschiedlichen Voraussetzungen in die Weiterbildung kommen, wie Sie ja auch, brauchen noch andere Leistungsbeurteilungen, die z.B. auch das langsamere Lerntempo Erwachsener berücksichtigen. Wie schnell würden sonst u.U. die Besten von Ihnen entmutigt, wenn 's hier nur „gerecht“ zuginge und alle über „einen Leisten“ geschlagen würden.

L4: (uneinsichtig) Es muß doch wohl möglich sein, Gefühle aus der Leistungsbeurteilung herauszuhalten!

L1: Na, wenn Du eine schlechte Arbeit geschrieben hast – egal ob sie benotet oder sonstwie beurteilt wurde – bist Du die erste, die Gefühle zeigt, darauf möchte ich wetten.

US: Uns hier in der Weiterbildung kommt es darauf an, den LL klar zu machen, wo ihre Stärken liegen und wo sie noch Wissenslücken ausfüllen müssen. Dies ist mit einer einfachen Notengebung nicht, mit einem Gutachten, in dem Stärken und Schwächen aufgezeigt und begründet werden, eher möglich. Daher haben wir uns bisher für die zweite Beurteilungsform entschieden, wohl wissend, daß auch sie Schwächen hat, genau wie die Notengebung.

L1: Ja, die liegen sicher in der Art der Formulierung, die

bestimmt nicht immer auf Anhieb verstanden wird. Könnten wir nicht „Halbe-Halbe“ machen? Z.B. bei Protokollen, Referaten und ähnlichen vergleichbaren Leistungen gibts Noten, bei unvergleichbaren ein Gutachten. Ich finde nämlich, daß beide Formen ihre Berechtigung haben, ...

Kommentar

Nach diesem Kompromißgespräch ist in den meisten LL erfahrungsgemäß der Wunsch erwacht, selbst das Für und Wider von Notengebung und Gutachten herauszufinden.

Dazu sollte ihnen Gelegenheit gegeben werden. Dies kann in der eigenen Lerngruppe geschehen, z. B. im Rahmen von Lehrübungen, Gruppengesprächsleitungen, Referaten, Protokollführung u. a. Leistungen, die sie selbst zu erbringen haben.

Die Einübung in Leistungseinschätzungen sollte ohnehin fester Bestandteil der Weiterbildung sein.

Sie wird an der Schwesternhochschule der Diakonie in folgender Weise durchgeführt:

- Die LL werden von Lernpsychologe und Didaktiker in die Grundsätze der Leistungsbeurteilung eingeführt,
- anschließend stellen die LL Kriterienkataloge auf, nach denen Leistungen ihrer Meinung nach eingeschätzt werden können und sollen,
- diese von den LL aufgestellten Einschätzungskriterien werden mit denen der Weiterbildungsstätte verglichen und – wo nötig – geändert oder ergänzt,
- danach bekommen die LL wiederholt Gelegenheit, zusammen mit den jeweiligen beobachtenden und einschätzenden Dozenten, die unterschiedlichen Leistungen einzelner Lehrgangsteilnehmerinnen zu beurteilen,
- diese Beurteilungen werden sowohl mündlich als auch schriftlich vorgenommen.

Erfahrungsgemäß finden die LL dann selbst heraus, daß auch Zensuren imBlick auf ihr Zustandekommen stichhaltig begründet werden müssen, und daß dies u. U. einem schriftlichen Gutachten gleichzusetzen ist.

Lesehinweise zur fünften Unterrichtseinheit

Die Bibel, Württembergische Verlagsanstalt Stuttgart
Evangelischer Erwachsenen-Katechismus. Gütersloh, 4., überarbeitete Aufl. 1982
Fromm, Erich: Psychoanalyse und Ethik. München 1982
Remplein, Heinz: Die seelische Entwicklung des Menschen im Kindes- und Jugendalter. München/Basel, 13. Aufl. 1965
Ricken, Friedo: Allgemeine Ethik. Stuttgart 1983
Tschudin, Verena: Ethik in der Krankenpflege. Basel/Schweiz 1988

7. Exkurs: Die Morgenandacht vor Schulbeginn

7.1 Einführung in die sechste UE

Begründung der Themenwahl, Zielvorstellungen, christliche Fragestellung

In der Schwesternhochschule der Diakonie beginnt jeder Schultag mit einer kurzen Andacht von 15 Minuten. Alle Lehrgangsteilnehmerinnen und Dozenten sind als Hörer und Mitgestalter dazu eingeladen.

Dieser gemeinsame Tagesbeginn unter Gottes Wort spiegelt in aller Schlichtheit ein Stück Gemeinde Christi wider, so erfahren wir es, und etwas Besseres kann einer Evangelischen Schule eigentlich gar nicht geschehen.

Aber so einfach, wie es sich anhört, ist es nicht. Gemeinde ist nicht einfach da, wenn jemand es wünscht, sie muß wachsen und sich entwickeln und braucht Menschen, die dazu Ja sagen.

Die Lehrgangsteilnehmerinnen, die die Schwesternhochschule der Diakonie besuchen, sind kirchlich ganz unterschiedlich vorgeprägt und die wenigsten kennen von ihren Arbeitsstätten her den regelmäßigen Andachtsbesuch. Einige stehen der Kirche auch fremd bis ablehnend gegenüber, andere sind einfach nicht interessiert.

Daher reagieren sie auch auf unsere Einladung zur Andacht mit unterschiedlichen Gefühlen und Verhaltensweisen.

Doch tröstet es uns, daß schon die „Gemeinde“ zu Jesu Zeiten – seine Jünger und Anhänger – keineswegs immer einmütigen Sinnes waren, vielmehr standen einige Jesus ganz nahe, andere betrachteten ihn skeptisch, einige lehnten seine Lehre ab und entzogen sich, wieder andere bewegten sie in ihren Herzen und trugen sie weiter. Und ähnlich ist es auch in unserer kleinen Gemeinde in der Schwesternhochschule der Diakonie.

Die meisten Lehrgangsteilnehmerinnen haben bewußt eine Evangelische Weiterbildungsstätte gewählt. Sie haben den Schulprospekt mit seinen Intentionen studiert und zur Kenntnis genommen, daß auch Fächer mit christlich ethischem Inhalt verpflichtend sind. Und doch rechnen nur wenige von ihnen damit, daß dies für ihre Mitarbeit im Unterricht und für sie persönlich Konsequenzen haben könnte.

So entsteht dann auch nicht selten Unbehagen bis Abwehr unter ihnen, wenn sie z.B. um die verantwortliche Mitgestaltung der Morgenandachten gebeten werden. Unbehagen und Abwehr haben, wie es sich bei jeder neuen Lerngruppe herausstellt, ihren Ursprung vorwiegend in mangelnder Bibelkenntnis, in fehlender Übung und in der Furcht, womöglich über Glaubenserfahrungen oder gar -zweifel vor anderen reden zu müssen.

Deswegen geht es in der letzten UE in erster Linie darum, den Lehrgangsteilnehmerinnen zur Mitgestaltung der Morgenandachten Mut zu machen und sie dafür mit einfachen Mitteln zuzurüsten.

Dies gelingt nie bei allen Teilnehmerinnen. Vielmehr bleibt der größte Teil von ihnen in der Rolle der hörenden Gemeindeglieder, die die Andacht mit ihrem Singen und Beten mittragen.

Eine kleine Gruppe aber findet sich in jedem Lehrgang nach einer kurzen methodischen Einführung zu aktiver Mitarbeit bereit. Grundsätzlich wird dieser Gruppe von seiten der Schule bei der Auswahl der Inhalte und der Form der Darbietung freie Hand gelassen, es sei denn, einzelne bitten von sich aus um Rat und Unterstützung. Es ist bewegend, wie sich unter dieser Freiheit ein großer Reichtum von Texten, Liedern und Darbietungsformen entfaltet. Allerdings muß dabei in Kauf genommen werden, daß damit den Andachten etwas Zufälliges anhaftet, weil sie sich z.B. nicht an einer fortlaufenden Bibellese orientieren, sondern meist z.T. sehr persönlich gehaltene christlich-ethische Denkanstöße zum Inhalt haben.

Sehr oft gehen diese Denkanstöße von einem geliebten Psalmwort, einem Tauf-oder Konfirmationsspruch oder einem modernen Kirchenlied aus. Gelegentlich liegt ihnen auch ein bewegendes Erlebnis aus dem Schulalltag zugrunde.

In dieser Art der Andachtsgestaltung wird die Fülle der Möglichkeiten spürbar, biblische Texte und Glaubensaussagen in das tägliche Leben einzubeziehen.

So kurz die Zeit der Andacht im Vergleich zur Länge des übrigen Schultages ist, so gibt sie doch den Teilnehmerinnen die Möglichkeit, sich dem Wirken des Heiligen Geistes in Gemeinsamkeit anzuvertrauen. Schon viele von ihnen haben im Laufe der Jahre ausgesprochen, daß diese kurze Zeit ihrem Tagwerk Segen verliehen habe. So meinen wir, daß es sich lohnt, die Lehrgangsteilnehmerinnen zum Besuch und zur Mitgestaltung der Morgenandachten anzuregen, um gemeinsam mit ihnen immer von neuem zu entdecken, daß auch eine Schule der Ort sein kann, „da Seine Ehre wohnt".

7.2 *Anregungen zum Mitgestalten*

Ziel

- Bereitschaft zum gemeinsamen Tagesbeginn unter Gottes Wort
- Kennenlernen unterschiedlicher Andachtsformen
- Mut zur Auslegung biblischer Texte
- Bereitschaft und Freude zum Mitgestalten der Morgenandachten

Die US führt die LL in Ziele und Verlauf der UE ein.

Sie spricht mit ihnen über den Sinn der täglichen Morgenandacht an einer Evangelischen Schule und über die Intentionen, die mit diesem gemeinsamen Schulbeginn verfolgt werden.

Unter der Fragestellung: „Aus welchem Grund werden an der Schwesternhochschule der Diakonie Morgenandachten gehalten?" kommt es zu folgenden Antworten, z. B.:

- Der gemeinsame Anfang unter Gottes Wort ist für die Lerngemeinschaft an einer Ev. Schule eine Hilfe
  - zur Sammlung der Gedanken,
  - zum Kraftschöpfen für einen anstrengenden Tag,
  - zum Singen und Beten,
  - zum Hören auf Gottes Wort etc.

Aber auch kritische Fragen werden in diesem Gespräch laut, z. B.:

- Was geschieht, wenn
  - jemand nicht teilnehmen kann oder möchte,

- jemand ohne innere Überzeugung teilnimmt, weil es eben erwartet wird,
- sich die Gruppe der LL in zwei Lager spaltet, in die „Braven“, die teilnehmen, und die „Bösen“, die fernbleiben,
- jemand entdeckt, daß ihm die Andachten „nichts bringen“ etc.

Kommentar

Die kritischen Fragen der LL sind wichtig, weil sie dem Dialog Spannung verleihen und zur ehrlichen Auseinandersetzung führen. Dieser Dialog reißt erfahrungsgemäß während des gesamten Weiterbildungslehrganges nicht ab. Er verhilft den Einzelnen zur Überprüfung ihrer geistlichen Werte und Einstellungen. Dies hat gelegentlich schmerzliche Konfliktsituationen zur Folge, bei denen die eine oder andere der LL seelsorgerliche Unterstützung nötig hat.

Diesen Liebesdienst leisten sich die LL oft in bewegender Weise untereinander.

Die US bespricht anschließend mit den LL, daß und warum die Schule bei der Gestaltung der Andachten auf die Mithilfe der LL angewiesen ist.

Sie begründet dies:

- Eintönigkeit wird vermieden, wenn nicht immer ein und dieselbe Person die Andacht hält.
  Dies wird erfahrungsgemäß langweilig und für den Verantwortlichen schließlich auch zu anstrengend.
- Die LL haben die Möglichkeit, *ihren* Weiterbildungslehrgang auch an dieser wichtigen Stelle mitzugestalten.
- Alle können die Gelegenheit wahrnehmen, gemeinsam zu singen, zu beten und Gott bewußt in ihren Tag einzubeziehen.
- Gemeinde Christi wird im Kleinen dargestellt und gelebt.
- Wer eine Andacht hält, lernt es, mutig vor seiner Gruppe zu stehen und auszusprechen, woran er glaubt.
- Die Gruppe übt sich im Hören auf Gottes Wort, das ihre Mitschwestern weitersagen, und in Toleranz gegenüber der Verschiedenartigkeit inhaltlicher und methodischer Andachtsformen.
- Unsere Dozenten sind in den Andachten auch gern Empfangende und einfach nur Glieder der Gemeinde.

Kommentar

Je nachdem, ob die LL ihrer Kirche nah oder fern stehen, ob sie sich in ihr „zu Hause“ fühlen und ihre „Sprache“ verstehen und sprechen oder ob sie sich enttäuscht von ihr zurückgezogen haben und in geistlicher Hinsicht „sprachlos“ geworden sind, werden die Bemühungen der US Einverständnis oder Verständnislosigkeit, grundsätzliche Bereitschaft oder Abwehr auslösen. An dieser Stelle ist große Behutsamkeit geboten. Die LL müssen sich in Freiheit zu einer Mitarbeit oder auch gegen sie entscheiden können, ohne Konsequenzen von seiten der Schule befürchten zu müssen. Daher ist es wichtig, daß die US, aber auch andere an der Andacht beteiligten Dozenten über diese erste Einführungsstunde zum Thema „Andachtsgestaltung“ hinaus mit den LL im Gespräch bleiben.

Nach dieser Einführung ins Unterrichtsthema geht die US kurz (Kurzreferat) auf grundsätzliche Gedanken zur Andachtsgestaltung ein:

„Das Wort Andacht kommt aus dem Mittelhochdeutschen. Es wird von andâht abgeleitet und bedeutet: Sammlung der Gedanken auf *einen* Punkt,

d. h.: Die Andacht ist kurz. Mehr als fünf Minuten zu reden, zerstört ihre Eigenart. Die Hörer sollen während dieser Zeit ganz bei der Sache sein. Daher wird in der Andacht jeweils nur *ein* Bild, *ein* Gleichnis oder *ein* Beispiel betrachtet.
Die Andacht ist von ihrer Natur her eine Übung in der Sammlung und Disziplin des Hörens. (Jörg Zink)

Zu den feststehenden Teilen der Andacht gehören:
Biblisches Wort (ggf. Auslegung) – Lied – Gebet – (ggf. Segen).“

Im Anschluß an das Kurzreferat bittet die US die LL, selbst erlebte oder durchgeführte Andachtsformen zu nennen und zu beschreiben.

Ergänzend gibt sie einen Überblick über die Methoden, nach denen an der Schwesternhochschule der Diakonie in den vergangenen Jahren Andachten gehalten wurden, z. B.:

1. Leseandacht

a) Textauswahl nach der Kirchenjahreslese oder nach Losung

und Lehrtext der Herrnhuter Brüdergemeine, ggf. kurze Auslegung des Textes nach einem Andachtsbuch.
Zum Text passendes Eingangs- und Schlußlied. Selbstvorformuliertes Gebet oder Gebetslesung aus einem Gebetbuch.

b) Freie Textauswahl mit Auslegung nach einem Andachtsbuch oder statt Auslegung eine Meditation zum Text. Passendes Gebet und Lied.

Literatur (Auswahl)

Bosmans, Phil: Vergiß die Freude nicht. Freiburg, 36. Aufl. 1982
Busch, Wilhelm: 365 mal ER. Gladbeck, 2. Aufl. 1967
Göpfert, Peter: Neugierig auf Gott. Stuttgart 1981
Ders.: Ich bin unendlich wertvoll. Stuttgart 1982
Hänisch, Gottfried: Gedanken für ein paar Minuten. Hamburg 1984
Höfer, Liese: Zu jeder Stunde. Stuttgart 1983
Rauh, Konrad: In dir ist Freude. Neuendettelsau 1980
Schmidt, Ludwig (Hg.); Psalmandachten. Göttingen 1986
Seitz, Manfred: Wir beten. Bad Salzuflen 1967
Senf, Ernst: Hoffe auf Gott. Berlin, 4. Aufl. 1982
Zink, Jörg: Wie wir beten können. Stuttgart, 5. Aufl. 1972

2. *Liturgische Andacht*

Vorspruch – Wochenspruch – kurze Textlesung ggf. mit kurzem auslegenden Wort.

Ein Psalm oder ein biblischer Lobgesang im Wechsel zwischen Andachthaltender und „Gemeinde“, gesungen (nach Psalmton) oder gesprochen. Liedvers, Vaterunser, Segen.

Literatur: z. B. Evangelisches Tagzeitenbuch. Kassel 3. Aufl. 1985

3. *Andachten in Form meditativer Bildbetrachtungen*

a) Morgenlied, erklärende Worte zur Andachtsgestaltung. Darstellung eines Bildes mittels Dia-Projektor, Episkop oder OH-Projektor. Passend zur Bildaussage wird eine Betrachtung gelesen (nach Vorlage oder auch selbst gestaltet). Abschließender Liedvers, Gebet.
b) Lied, erklärende Worte. Projektion selbstgefertigter Dias (ca. 6) zu einem bestimmten Thema (z. B. ‚Wachsen und Reifen‘ oder ‚Du bist für die Schöpfung verantwortlich‘).

Zwischen den einzelnen Dias werden Psalmverse oder vorbereitete Denkanstöße gesprochen.
Eine leise Hintergrundmusik (Recorder) verhilft zur betrachtenden Sammlung. Abschließend Gebets- oder Segenswort.

c) Lied, erklärende Worte. Jede Teilnehmerin erhält den Abzug eines Bildes (Postkartengröße). Die Andachthaltende bittet, das Bild zu betrachten und anschließend eigene Gedanken dazu zu äußern. (z.B. Darstellung Jona im Walfisch) Die Andachthaltende faßt die Äußerungen abschließend in Form eines Gebetes zusammen, dem noch eine Weile Stille für eigenes Beten folgen kann.

Literatur (Auswahl)

Trautwein, Dieter, Roessler, Roman: Für den Gottesdienst. Gelnhausen/Berlin, 3. Aufl. 1972
Neue Jerusalemer Bibel. Freiburg 1985

4. Singeandacht

a) Statt Bibeltext und Auslegung wird ein altes oder modernes Kirchenlied gemeinsam oder im Wechsel mit dem Chor gesungen. Die Andachthaltende spricht verbindende Worte zwischen den einzelnen Strophen des Liedes.

Die Worte können auch passende Psalmverse ggf. in moderner Übersetzung sein. Abschließend ein gesprochener oder gesungener Gebetsvers oder gemeinsames Singen eines Kanons.

b) Die Andachthaltende hat sich einen Begriff aus der Bibel gewählt, z.B. Lob, Dank, Vertrauen etc. Zu diesem Begriff werden passende Liedverse aus dem Gesangbuch gesungen. Zwischen den Liedstrophen sprechen ausgewählte Teilnehmerinnen von ihren Plätzen aus Worte der Heiligen Schrift oder auch Dichterworte, die zu dem biblischen Begriff passen und ihn entfalten.

(Diese Andachtsform muß besonders gut vorbereitet werden. Die einzelnen Liedstrophen sollten insgesamt auf einem Blatt kopiert sein, das an alle Teilnehmer ausgegeben wird.)

c) Die Andachthaltende stellt ein Kirchenlied in den Mittelpunkt, das in einzelnen Abschnitten gesungen wird. Zwischen den Liedabschnitten berichtet die Andachthaltende unter einem bestimmten Aspekt über Leben und Werk des Liederdichters. Z.B. Paul Gerhard: „Gotteslob trotz Not und Sterben."

Literatur (Auswahl)

Gesangbücher verschiedener Kirchen
Gottes Wort im Kirchenlied. Neuendettelsau 1955
Liedkonkordanz. Konstanz, 3. Aufl. 1986
Biografien einzelner Liederdichter
Neue Jerusalemer Bibel. Freiburg 1985

5. *Andacht, gehalten von mehreren Teilnehmerinnen*

Die einzelnen Teile der Andacht werden von je einer Teilnehmerin übernommen und gestaltet, z.B. Lesung, Auslegung, Gebet, Lied.

So kann z.B. die für die Lieder Verantwortliche mit der Gruppe auch ein neues Lied einüben. Es ist auch möglich, statt Textlesung und Auslegung eine Sprechmotette oder ein Anspiel darzubieten.

Literatur: z.B. Trautwein/Roessler: Für den Gottesdienst.

6. *Andacht mit eigener Textauslegung*

Die Teile der Andacht bleiben dieselben wie bisher: Wort, Lied, Gebet, Segen. Die Auslegung des Wortes (Textes) wird jedoch nicht aus einem Andachtsbuch gelesen, sondern selbst erarbeitet und mitgeteilt.

Kommentar

Erfahrungsgemäß entstehen im Hinblick auf den Anspruch, einen biblischen Text selbst auszulegen, bei den LL erhebliche Unsicherheiten und Ängste. Dies ist verständlich, da die wenigsten von ihnen auf diesem Gebiet über Erfahrung und Übung verfügen.

Daher bieten wir allen, die sich trotz Unsicherheiten und Befürchtungen in selbständiger Textauslegung üben wollen, zweierlei an:

1. Denen, die vor der Weiterbildung schon Andachten in ih-

rem Arbeitskreis oder in ihrer Schwesternschaft gehalten und dabei auch biblische Texte selbst ausgelegt haben, eine kurze methodische Einführung zur auffrischenden Ergänzung ihrer Fähigkeiten und Kenntnisse,

2. denen, die noch keinerlei Übung und Erfahrung haben, eine Arbeitsgemeinschaft, die sich im Verlauf der Weiterbildung in Abständen trifft, um:
   – Bibeltexte kennenzulernen und zu betrachten,
   – methodische Hilfen zur Andachtsgestaltung zu erarbeiten,
   – Erkenntnisse, aber auch Befürchtungen untereinander auszutauschen.

Im folgenden letzten Abschnitt dieser UE stehen im Mittelpunkt:
– Der kurze Abriß einer methodischen Einführung in die Auslegung biblischer Texte am Beispiel „Die Stillung des Sturmes“ Matth. 8,23–27.
– Eine nach diesem Text mit Hilfe der methodischen Einführung gestaltete Morgenandacht.

Die US entwickelt vor den LL die Methode biblischer Textauslegung nach der sie auch ihre eigenen Andachtsvorbereitungen durchführt.

Sie beschreibt diese Methode so:

Das auslösende Moment für die Auslegung eines biblischen Textes ist für mich stets eine besondere Begebenheit aus dem Schulalltag, sei es nun ein frohes Ereignis oder eine bedrückende Situation.

Erfreuliche Ereignisse sind z. B.:
– ein erfolgreich beendetes Praktikum,
– eine unfallfreie Heimfahrt der LL nach einer Studienreise,
– der Abschluß der Jahresarbeiten und Prüfungslehrproben,
– die Aussöhnung zwischen LL und Dozenten nach einer Auseinandersetzung etc.

Bedrückende Situationen sind z. B.
– mangelndes Vertrauen zwischen LL und Dozenten,
– Unsicherheit und Angst der LL vor einer Prüfung,
– Angst bei LL und Dozenten vor dem Versagen,

– Unklarheit der LL im Blick auf die berufliche Zukunft nach der Weiterbildung. etc.

Am Beispiel einer bedrückenden Situation aus dem Schulalltag soll jetzt die methodische Einführung in die Auslegung biblischer Texte erfolgen.

Situationsbeschreibung:

Die Teilnehmerinnen am Weiterbildungslehrgang sind seit Tagen untereinander und mit einigen Dozenten zerstritten. Sie fühlen sich von den Anforderungen der Schule überfordert und trauen sich keine rechte Leistung mehr zu. Der Unterricht wird insgesamt als sinnlos und uneffektiv empfunden, die Schulleitung wird angeklagt, daß sie offenbar schlafe und nichts von der Verzweiflung der LL merke oder, daß ihr diese sogar gleichgültig sei, da sie keine Abhilfe schaffe.

In diese Situation hinein möchte ich eine Andacht halten. Als erstes überlege ich, in welcher biblischen Geschichte der oben geschilderte Zustand vielleicht in ähnlicher Weise beschrieben wird.

Da fällt mir ein, daß Jesus auch einmal schlief, als bei seinen Jüngern alles drunter und drüber ging, ja, daß sie ihn sogar wecken mußten, weil sie seine Hilfe brauchten. „Hilf, Herr, wir verderben!", so schrien sie.

Ich schlage die Bibelkonkordanz auf und suche nach dem Stichwort „verderben". Ich finde die Stelle im Matthäus-Evangelium Kapitel 8, 23–27, „Die Stillung des Sturmes". Ich lese den Abschnitt in der Lutherbibel und in der Übersetzung von Jörg Zink laut und bewußt.

Ich versetze mich in die dort beschriebene Situation, lasse den Text in mir lebendig werden:

Ich bin mit den Jüngern im Schiff auf dem Meer. Ich liebe das Meer, es schmeckt nach unbegrenzter Freiheit, es macht mir keine Angst – normalerweise. Auf dem Schiff kenne ich mich aus. Ich weiß auch – wie die anderen Jünger – daß Jesus mit uns fährt. Er ruht aus, schläft, alles ist friedlich, ohne Bedrohung. Und ausgerechnet jetzt kommt ohne jede Vorwarnung Sturm auf, schnell, tückisch, lebensbedrohend. Mein geliebtes Meer wird mir gefährlich. Es wütet und tobt, der Sturm heult und unser so stabiles, sicher gewähntes Schiff wird zum

Spielball entfesselter Elemente. Wo bin ich jetzt auf diesem bedrohten Schiff? Bei denen, die sich von Unsicherheit und Angst übermannen lassen, oder bei denen, die dem Unwetter trotzen und sich für ihr Schiff, ihre Sicherheit, einsetzen? Was geht in mir vor, wo suche ich Hilfe? Denke ich in diesem Augenblick an den, der ja mit uns fährt, auch wenn er schläft?

Lehrt Not wirklich beten?

Oder ziehe ich mich verbittert zurück und klammere mich irgendwo an den noch stabilen Planken des Schiffes fest?

Resigniere ich: Gott ist tot! Er würde sonst doch wohl helfen?!

Wo bin ich? Bei denen, die erkennen: Mit unserer Macht ist nichts getan? Bei denen, die schreien: Herr hilf uns, wir verderben, wir können uns nicht mehr helfen!?

Ich stelle mir jetzt die Fragen: Wo finde ich unsere Situation in dieser Geschichte wieder? Wo sind Parallelen? Ich versuche eine Antwort:

Schule, Unsicherheit, angstvolle Situationen. Der Boden unter unseren Füßen schwankt. Wir fürchten uns, voreinander und vor dem Ausgeliefertsein an unsere Angst. Trotz aller Anstrengungen spüren wir: Wir drohen im Sturm unserer Gefühle unterzugehen, wir sehen nicht mehr klar. Alle unsere Anstrengungen sind nutzlos. Was tun wir? Strengen wir uns weiter an, verbissen, mit viel zu großem Kraftaufwand? Klagen wir an? Oder wecken wir den auf, der helfen kann und will und der ja mit in unserem Boot ist?

Ich stelle die nächste Frage: Wo und wie handelt Gott/Jesus in dieser Geschichte?

Wie war es doch: Als die Jünger den Herrn um Hilfe anriefen, stand er auf und half. Wasser und Wind verbannte er nicht, aber er beruhigte sie. Er brachte das Chaos um die Jünger herum und das in ihnen zur Ruhe. Offensichtlich will der Herr gerufen, angerufen werden und sicher nicht immer erst, wenn die Wogen hoch gehen. In Psalm 50,15 wird dies bestätigt. Gott spricht: Rufe mich an in der Not, so will ich dich erhören, und du sollst mich preisen.

Ich stelle eine letzte Frage: Welches Wort aus dem Textzusammenhang können wir mit in unseren Tag nehmen?

Ich meine dies: Es ist gut zu wissen, daß der Herr mit im Boot (in der Schule, in unserem Leben) ist, auch wenn wir uns häufig (ihr Kleingläubigen!) erst daran erinnern, wenn wir nicht mehr aus- und ein wissen. Er hilft, wenn wir ihn rufen.

Zusammenfassung

(Erhalten die LL als AB)

Grundsätzliches zur Andachtsgestaltung mit eigener Textauslegung:

1. *Theologische Besinnung*

- Kurzes Gebet um Gelingen,
- Lesen des Textes nach verschiedenen Bibelübersetzungen,
- den Text mit eigenen Worten wiedergeben,
- Zusammenhang zum ausgewählten Text herstellen ggf. Parallelstellen hinzuziehen (AT/NT),
- Texterarbeitung (siehe oben).

2. *Grundsätzliches zur biblischen Auslegung*

- Im Mittelpunkt biblischer Auslegung steht der Dreieinige Gott, nicht unsere Meinungen und Gedanken.
- Biblische Auslegung muß von allen Zuhörern verstanden werden, daher:
  - nicht geläufige Ausdrücke und Fremdworte vermeiden oder erklären,
  - kurze und klare Sätze formulieren,
  - die „Sprache Kanaans“ ebenso vermeiden wie moderne Kraftausdrücke.
- Die Zuhörer sollen sich persönlich angesprochen fühlen, ihre Situation ist – wenn möglich – in die Auslegung einzubeziehen.

3. *Grundsätzliches zur Liedauswahl*

- Choräle und geistliche Lieder verhelfen zu Andacht und Besinnung;
- sie verbinden den Einzelnen mit der Gruppe und lockern auf;
- in ihnen können Lob, Dank und Bitte sinnfällig zum Ausdruck gebracht werden;
- zu beachten ist, daß nicht zu viele Strophen eines Liedes nacheinander gesungen werden, dies kann ermüden, beson-

ders dann, wenn die Melodie nicht gut bekannt oder schwer singbar ist;
- ratsam ist, zwei Lieder zur Auswahl zu haben, falls das erste vorgeschlagene nicht bekannt ist.

4. Grundsätzliches zur Auswahl der Gebete
- Das oder die Gebete sollten sich am Text und an der Auslegung orientieren.
- Möglich ist:
  - das gebundene Gebet,
    z. B. Vaterunser, Psalmverse, Liedstrophen, Texte aus Gebetbüchern,
  - das frei formulierte Gebet.
- Das Gebet soll zu Lob, Dank, Bitte und Fürbitte führen.

Wichtig: Ratsam ist es, nicht nur die Textauslegung, sondern auch die frei formulierten Gebete schriftlich vorzubereiten. Jeder, der vor einer Gruppe steht, sollte dem Auswendiggelernten und der Intuition mißtrauen, wenn er aufgeregt ist.

Literatur

Die Bibel (Übersetzung Martin Luther). Stuttgart 1984
Das Neue Testament (Übertragung Jörg Zink). Stuttgart 1965
Zink, Jörg: Das biblische Gespräch. Gelnhausen/Berlin.

7.3 *Beispiel einer Morgenandacht*

Situation: Letzte Andacht vor dem Abschied eines Weiterbildungslehrganges

Eingangsspruch: Gesegnet ist, wer sich auf Gott verläßt, dessen Hoffnung sich auf Gott gründet. Der ist wie ein Baum, am Wasser gepflanzt, der seine Wurzeln zum Wasser hinstreckt. Wenn nun die Hitze kommt, fürchtet er doch nichts, sondern seine Blätter bleiben grün. Er sorgt sich nicht, wenn ein dürres Jahr kommt, sondern er kann Frucht bringen ohne Aufhören. So gesegnet ist, wer sich auf Gott verläßt. (Aus Jeremia 17)

Lied: EKG 298 „Wer nur den lieben Gott...", Strophen 1–3

Lesung: Matth. 8,23–27 „Die Stillung des Sturmes" (Revidierte Lutherbibel)

Betrachtende Auslegung

Diese Geschichte, so voller Leben – so voll von *unserem* Leben – was kann sie uns sagen in unserer letzten gemeinsamen Morgenandacht?

Erinnern Sie sich? Als ich Sie zu Anfang Ihres Hierseins ins Andachthalten einführte, habe ich diese Geschichte ausgewählt, um Ihnen zu zeigen, wie sehr wir alle miteinander in einem Boot sitzen, ein jeder an seinem Platz, ein jeder mit seinen Gaben und Aufgaben:

Die einen rudern, damit das Boot vorankommt, die anderen sitzen am Steuer und geben den Kurs an. Die einen setzen Segel, Segel der Hoffnung vielleicht und der Zuversicht, und wieder andere schöpfen das eindringende Wasser aus, damit niemand zu Schaden komme.

Und es gibt auch solche im Boot, die hören nur dem Wind zu und den Möwenschreien. Sie fühlen das Salz auf der Haut und die Sonne und sind einfach nur glücklich, weil der Augenblick so schön ist.

Ein jeder ist da mit seinen Gaben und Aufgaben.

Und Gott ist mit im Boot – auch dann, wenn niemand an ihn denkt. Er ist mit im Boot unserer Gemeinschaft, im Boot unseres Lebens, im Boot der Welt.

Und manchmal ruht er und überläßt uns unserem Glauben an ihn, der nicht allzusehr gefordert ist, wenn die See ruhig und das Wetter schön sind, der aber herausgefordert wird, wenn uns die Fluten bis an den Hals steigen. Dann soll dieser unser Glaube nach Gott rufen.

Wie war das doch, als Sie in das Boot „Schwesternhochschule der Diakonie" einstiegen bei ruhiger See und wolkenlosem Himmel?

Ohne besondere Angst kamen Sie, die Mannschaft. Und Sie alle hatten ein ganz bestimmtes Ziel.

Sie setzten Segel der Zuversicht und Hoffnung und ließen

sich hinausnehmen aufs „offene Meer“, in die noch unbekannte Welt der Weiterbildung.

Wir saßen mit Ihnen in diesem Boot, Sie und wir – ein jeder mit seinen Gaben und Aufgaben.

Wer bestimmte den Kurs, wer hielt mit Rudern das Boot in Bewegung, wer plagte sich mit Wasserschöpfen, mit dem Lösen der immer neu eindringenden Probleme, wer träumte nur einem glücklichen Abschluß der Reise entgegen?

Sie saßen mit uns in einem Boot, und – wie damals die Jünger – so führte es auch uns in Unwetter und Sturm, und wir verloren immer einmal wieder den so sicher geglaubten Boden unter den Füßen.

Und alles, was bisher sicher und vertrauenerweckend gewesen war, verschwand im Sturm des Mißtrauens und einer alles überflutenden Unsicherheit.

Ja, durch manchen Sturm dieser Art mußten wir hindurch in den hinter uns liegenden Monaten. Und regelmäßig entfachte der Sturm, der von außen über uns hereinbrach, auch einen Sturm in unserem Inneren. Und das Unwetter in unserem Inneren machte uns kleinmütig, verzagt, böse, ungerecht.

Und die da ruderten, schrien die an, die den Kurs angaben, daß sie keinen Durchblick hätten, und die den Kurs angaben, trumpften auf, daß sie schon wüßten, wo's längs zu gehen habe, und die Wasserschöpfenden weinten, weil niemand ihr Mühen überhaupt wahrnahm und die Träumenden sahen dem Gezänk entsetzt und machtlos zu.

Ja, gelegentlich wurden wir von solchen Stürmen geschüttelt – wie damals die Jünger auch. Und wie sie bekamen wir es dann mit der Angst zu tun und Klage und Anklage nahmen überhand.

Und alles, was wir wußten über den Glauben und das Vertrauen und über Gott, der doch mit in unserem Boot fuhr, alles war wie weggeblasen, genauso wie damals bei den Jüngern Jesu.

Aber das Großartige von damals geschah auch in unserem Boot. Gott ließ sich rufen. Einer aus unserer Mannschaft erinnerte sich immer an ihn.

Und immer wieder erfuhren wir auf wunderbare Weise seine Gegenwart:

Etwa durch ein mutiges Wort zur rechten Zeit oder dadurch, daß es etwas zum Freuen oder Nachdenken gab, durch ein Erfolgserlebnis zum Beispiel oder auch durch eine Erschütterung, die unsere Mannschaft neu miteinander verband.

Und der Sturm in und um uns legte sich, wir konnten aufatmen und dankbar sprechen: Wir, unser Boot und der Sturm sind in Gottes Hand.

Ich will das Wunderbare dieser Geschichte in drei Schwerpunkten zusammenfassen, die ich Ihnen mitgeben möchte auf Ihre weitere Lebensfahrt:

1. Gott ist in *jedem* Boot, in dem Sie im Laufe Ihres Lebens fahren werden.
2. Er will sich von Ihnen stören und anrufen lassen, nicht erst, wenn die Wellen über Ihrem Kopf zusammenschlagen, aber dann auf jeden Fall.
3. Es bedarf nicht wohlgesetzter Worte oder gar eines edlen Charakters, wenn Sie zu Gott schreien. Er hört sie auch durch Klagen und Anklagen hindurch. Also rufen Sie nach ihm oder, wenn Sie das nicht mehr können, dann lassen Sie andere aus Ihrer Mannschaft nach ihm schreien. Gott stillt Ihre Stürme so, daß Sie nur noch staunen können.

Gottes Hilfe entmündigt Sie nicht, sie macht hellsichtig für seine Gegenwart, denn für alle Zeiten gilt seine Verheißung: Siehe, ich bin bei euch alle Tage, bis ans Ende der Welt. Amen.

Gebet:

Herr, unser Gott, du warst bei uns in der vergangenen Zeit, du bist bei uns, jetzt in diesem Augenblick und wirst bei uns sein an jedem Tag, der nun folgt. Danke für diese Gewißheit.

Herr, gib jedem von uns den nötigen Mut für das, was auf ihn zukommt. Stehe uns bei, wenn die Angst vor der Zukunft uns wie ein Unwetter überfällt. Gib uns einen klaren Kopf und ein tapferes Herz, damit wir anwenden können, was wir in den vielen Monaten gelernt haben. Herr segne uns und laß' uns unseren Nächsten zum Segen werden. Amen.

Lied: EKG 298: „Wer nur den lieben Gott läßt walten…“, Strophe 7:

Sing, bet' und geh' auf Gottes Wegen,
verricht' das Deine nur getreu
und trau' des Himmels reichem Segen,
so wird er bei dir werden neu.
Denn welcher seine Zuversicht auf Gott
setzt, den verläßt er nicht.

Hilde-Dore Abermeth

Patientenzentrierte Krankenpflege

Ein Arbeitsbuch. Mit einem Geleitwort von Walter Hochheimer. 3. Auflage 1983. 225 Seiten, kartoniert

„Dieses Buch will alle in der Krankenpflege Tätigen dazu anregen, über ihr pflegerisches Handeln nachzudenken, darüber miteinander ins Gespräch zu kommen und neue pflegerische Verhaltensweisen im Umgang mit dem Patienten zu erproben. Es ist eine echte Hilfeleistung für den Lernenden wie auch Lehrenden, für jeden, der mit kranken Menschen zu tun hat."

Die Schwester/Der Pfleger

Hilde-Dore Abermeth

Gespräche auf der Krankenstation

Eine Unterrichtshilfe. 1982. 219 Seiten, kartoniert

„Krankenpflege bedeutet nicht nur Handeln, sondern auch Reden. Das vorliegende Buch vermittelt Kenntnisse und Erfahrungen über die Dynamik und Macht sowie Ohnmacht des gesprochenen Wortes und wird in der Ausbildung genauso wertvoll wie in der Fort- und Weiterbildung für Lehrende und Lernende sein."

Krankenpflege

Ida und Hans-Christoph Piper

Schwestern reden mit Patienten

Ein Arbeitsbuch für Pflegeberufe im Krankenhaus. 5. Auflage 1988. 114 Seiten, kartoniert

„Fünfzehn Gesprächsprotokolle aus problembeladenen Situationen von Patienten ermöglichen dem Leser, sein eigenes Gesprächsverhalten zu überdenken. Die Verfasser untersuchen die Protokolle einfühlsam und sachkundig und kommentieren sie verständlich. Sie machen deutlich, daß es kein Patentrezept gibt; dafür liefern sie konkrete Hinweise für eine patienten- und personalgerechte Gesprächsführung.
Dieses Buch ist eine willkommene Hilfestellung für Pflegekräfte, weil es klare Aussagen über Gesprächsführung im Krankenhaus enthält." *Schwesternrevue*

Vandenhoeck & Ruprecht · Göttingen/Zürich